나와 세계

사회가 쉬워지는
인포그래픽 세계 문화 지리

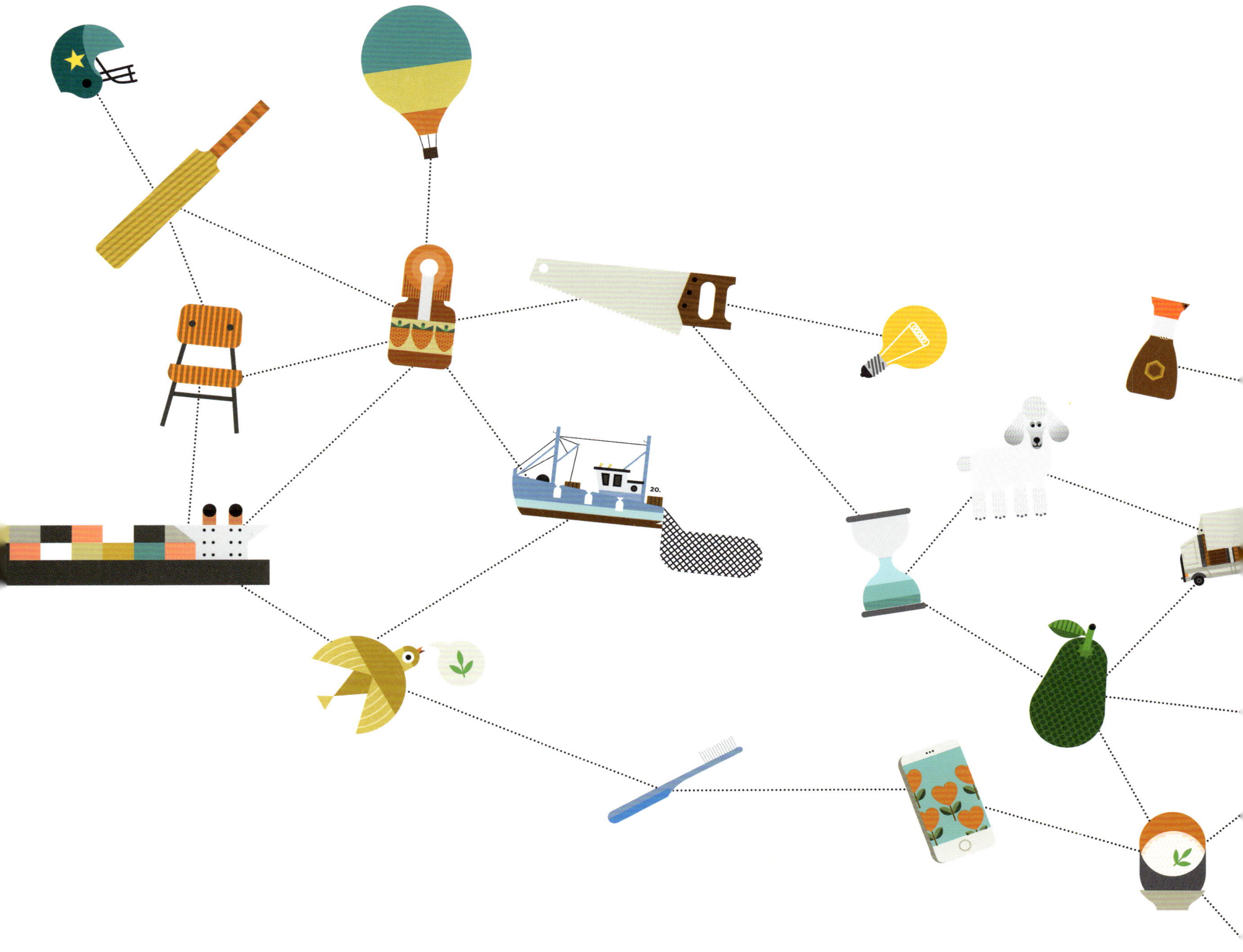

일러두기

• 이 책에 실린 정보는 초판 기준으로 가장 최신 자료를 반영하였습니다.
지리 정보와 통계는 조사 기관 및 시기, 방법에 따라 조금씩 다를 수 있습니다.
새롭게 밝혀진 사실이 있으면 최대한 반영하도록 노력하겠습니다.

• 이 책에 실린 외국어는 국립국어원 외래어 표기법을 원칙으로 따르되,
경우에 따라서는 해당 국가 발음을 참고하였습니다.

나와 세계

사회가 쉬워지는 인포그래픽 세계 문화 지리

미레이아 트리우스 글 | 조아나 카살스 그림
김정하 옮김

1

내 이름은 루시아야.

6-7

2

동생이 한 명 있어.

8-9

3

강아지 한 마리도 함께 살아.

10-11

4

우리나라 스페인에는 4600만 명이 살아.

12-13

5

나는 스페인어를 써.

14-15

6

엄마는 수의사고, 아빠는 목수야.

16-17

7

우리는 아파트에 살아.

18-19

8

내가 사는 도시는 크지도 작지도 않아.

20-21

9

나는 집에서 아침을 먹어.

22-23

10

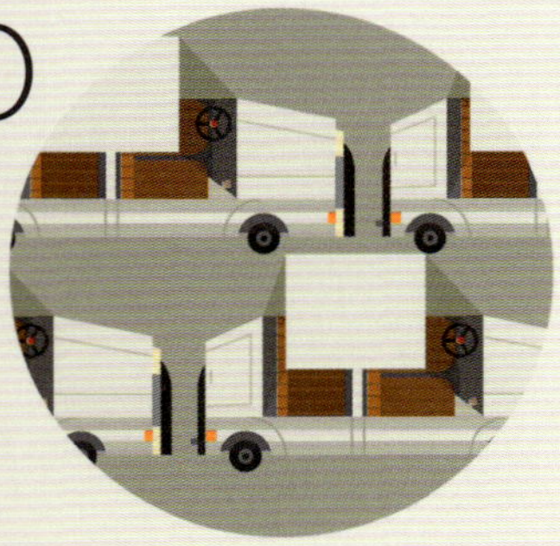

자동차를 타고 학교에 가.

24-25

11

우리는 학교에서 지내는 시간이 많아.

26-27

12

나는 교복을 입지 않아.

28-29

13

점심은 학교에서 친구들과 함께 먹어.

30-31

나는 루시아야. 스페인 사람이지. 내 동생은 우고야.
둘 다 우리나라에서는 아주 흔한 이름이지. 이렇게 나라마다 많이 쓰는 이름이 있어.

1. 가장 흔한 이름

2. 가족의 형태

① 자녀 수가 가장 많은 나라는 니제르로 평균 7명쯤 된다.
② 2000년을 넘어서면서 평균 자녀 수가 절반 가까이 줄었다.
③ 입양 가족, 무자녀 가족, 독신 가족도 있다.

부모님은 형제자매가 많지만, 나는 남동생 하나뿐이야. 요즘엔 형제자매가 많은 친구가 드문 것 같아. 가족의 모습도 다양해졌고 말이야. 너희 집은 어때?

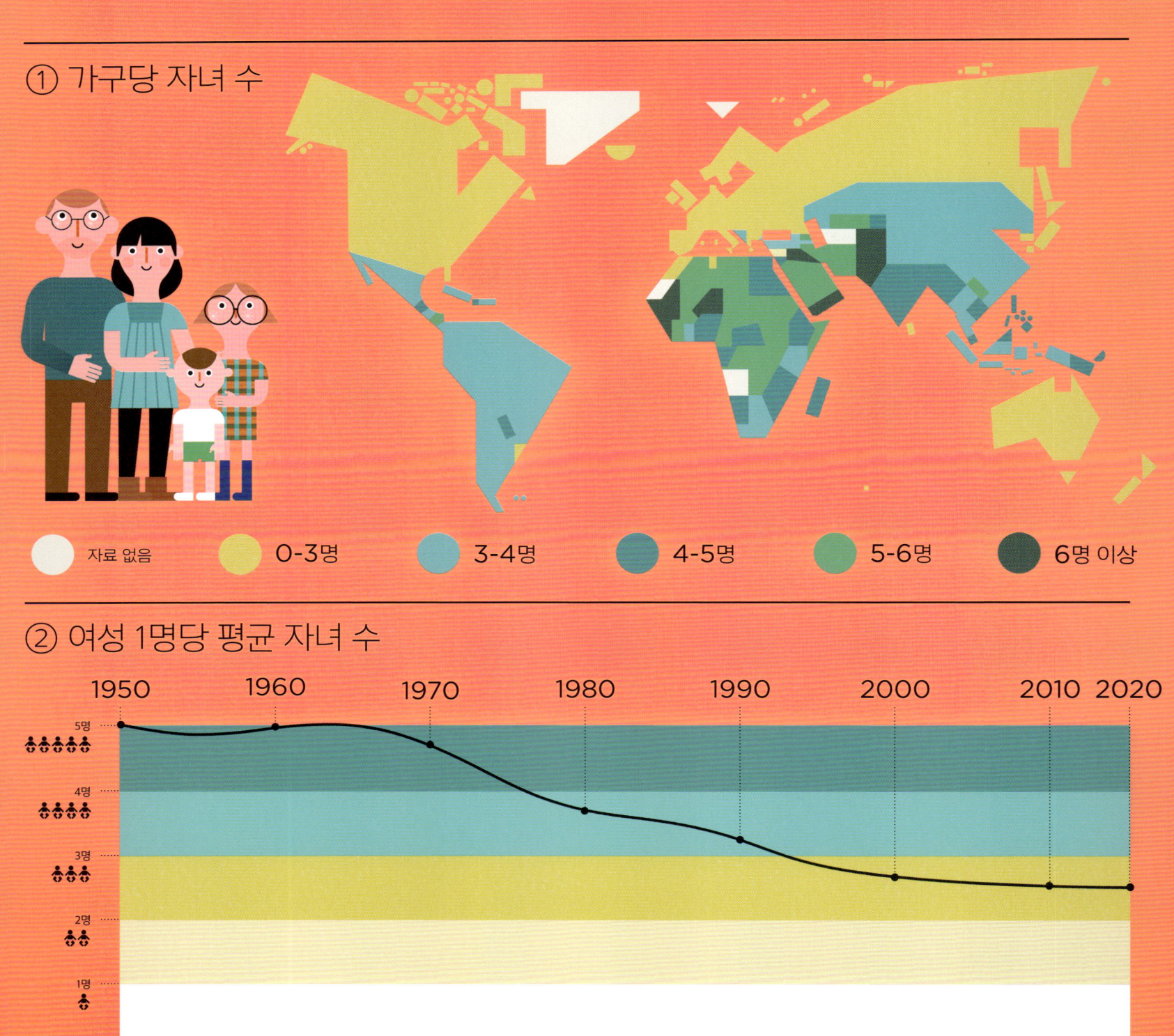

① 가구당 자녀 수

자료 없음 | 0-3명 | 3-4명 | 4-5명 | 5-6명 | 6명 이상

② 여성 1명당 평균 자녀 수

③ 다양한 가족 형태

아버지 또는 어머니
+ 자녀 한 명

할아버지 또는 할머니
+ 손주 한 명

아버지와 어머니
+ 자녀 한 명

아버지 또는 어머니
+자녀 두 명

할아버지 또는 할머니
+손주 한 명

아버지 또는 어머니
+ 자녀 한 명
+ 의붓아버지 또는 의붓어머니

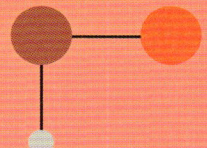
아버지 또는 어머니
+자녀 한 명
+할아버지 또는 할머니

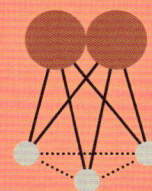
아버지 또는 어머니
+자녀 한 명
+친척

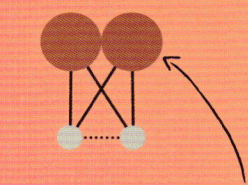
아버지와 어머니
+자녀 두 명

우리 가족의 형태야

아버지 또는 어머니
+자녀 한 명
+의붓아버지 또는 의붓어머니
+자녀 한 명

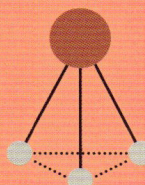
아버지 또는 어머니
+자녀 세 명

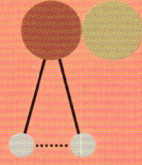
아버지 또는 어머니
+자녀 두 명
+의붓아버지 또는 의붓어머니

아버지와 어머니
+자녀 한 명
+할아버지 또는 할머니

할아버지와 할머니
+아버지 또는 어머니
+자녀 한 명

할아버지 또는 할머니
+아버지 또는 어머니
+자녀 두 명

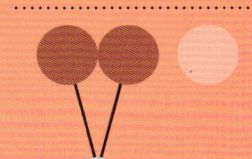
아버지와 어머니
+자녀 한 명
+친척

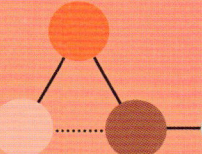
할아버지 또는 할머니
+아버지 또는 어머니
+자녀 한 명
+삼촌 또는 고모 또는 이모

할아버지와 할머니
+손주 두 명

아버지 또는 어머니
+자녀 한 명
+의붓아버지 또는 의붓어머니
+공통 자녀 한 명

아버지와 어머니
+자녀 세 명

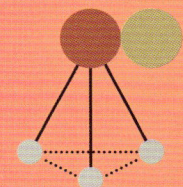
아버지 또는 어머니
+자녀 세 명
+의붓아버지 또는 의붓어머니

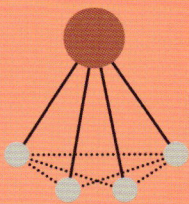
아버지 또는 어머니
+자녀 네 명

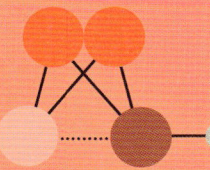
할아버지와 할머니
+아버지 또는 어머니
+자녀 한 명
+삼촌 또는 고모 또는 이모

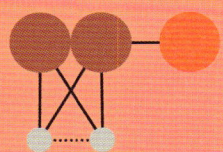
아버지와 어머니
+자녀 두 명
+할아버지 또는 할머니

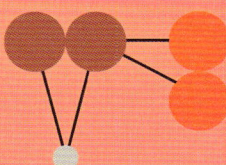
아버지와 어머니
+자녀 한 명
+할아버지와 할머니

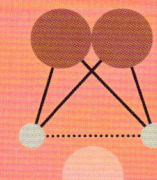
아버지와 어머니
+자녀 두 명
+친척

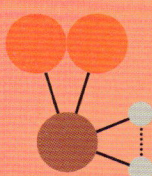
할아버지와 할머니
+아버지 또는 어머니
+자녀 두 명

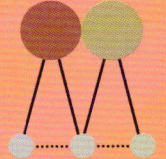
아버지 또는 어머니
+자녀 한 명
+의붓아버지 또는 의붓어머니
+자녀 한 명
+공통 자녀 한 명

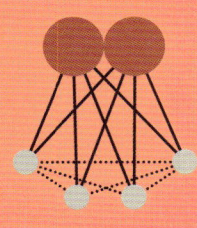
아버지와 어머니
+자녀 네 명

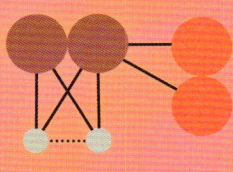
아버지와 어머니
+자녀 두 명
+할아버지와 할머니

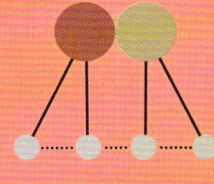
아버지 또는 어머니
+자녀 두 명
+의붓아버지 또는 의붓어머니
+자녀 두 명

아버지와 어머니
+자녀 다섯 명

아버지와 어머니
+자녀 여섯 명

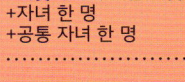 자녀
 아버지 또는 어머니
 의붓아버지 또는 의붓어머니
할아버지 또는 할머니
 친척
 부부 사이
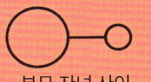 부모 자녀 사이
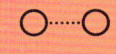 형제자매 사이

3. 반려동물

비글 종 강아지 추체도 우리 가족이야. 요즘엔 반려동물과 함께 사는 가족이 많은데, 그중에서도 가장 인기 있는 동물은 개라고 해. 그럼 전 세계적으로 사랑받는 개들을 만나 볼까?

① 전 세계에서 반려동물과 함께 사는 가구 수가 가장 많은 나라는 아르헨티나다.
② 개, 고양이, 물고기, 새 다음으로 인기 있는 반려동물은 토끼라고 한다.
③ 한 종 이상의 반려동물과 사는 가구도 더러 있다.

가장 인기 있는 반려견 10

1 래브라도 레트리버
2 독일셰퍼드
3 푸들
4 치와와
5 골든레트리버

얘가 우리 강아지 추체아

① 반려동물이 있는 가구

예
57%
아니요
43%

② 반려동물의 종류

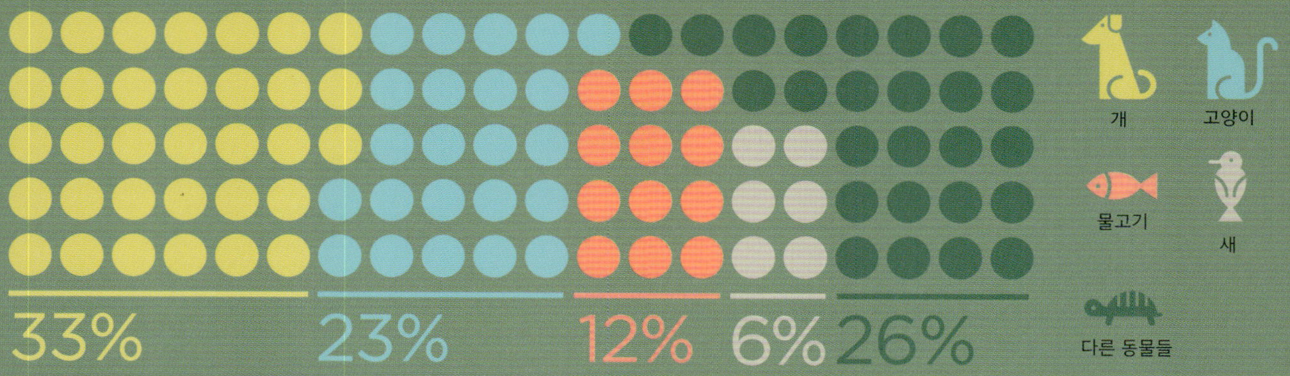

33% **23%** **12%** **6%** **26%**

개 고양이

물고기 새

다른 동물들

③ 나라별 반려동물

미국	영국	터키	스페인	한국	러시아	폴란드	일본	중국	프랑스	독일	이탈리아
50%	27%	12%	37%	20%	29%	45%	17%	25%	29%	21%	39%
39%	27%	15%	23%	6%	57%	32%	14%	10%	41%	29%	34%
11%	9%	16%	9%	7%	11%	12%	9%	17%	12%	9%	11%
6%	4%	20%	11%	1%	9%	7%	2%	5%	5%	6%	8%

6
요크셔테리어

7
닥스훈트

8
비글

9
복서

10
슈나우저

4. 세계 인구

스페인은 유럽에서 큰 나라에 속하지만, 인구가 가장 많은 나라는 아니야. 4600만 명이 살고 있거든. 무척 많은 것 같지? 하지만 중국이나 인도에 비하면 아주 적은 편이야.

① 인구 수로 본 세계

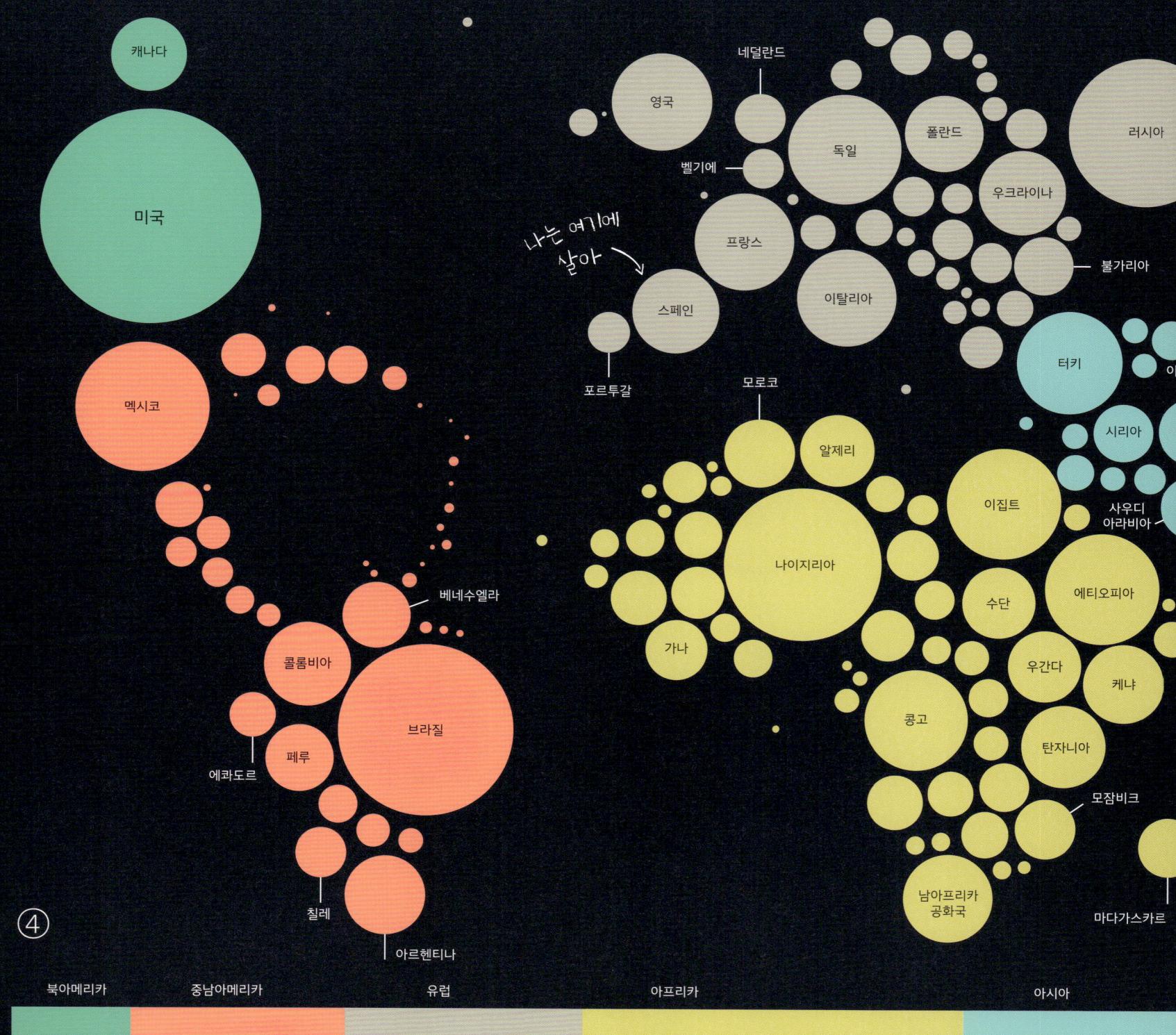

④

북아메리카	중남아메리카	유럽	아프리카	아시아
4%	8%	10%	17%	61%

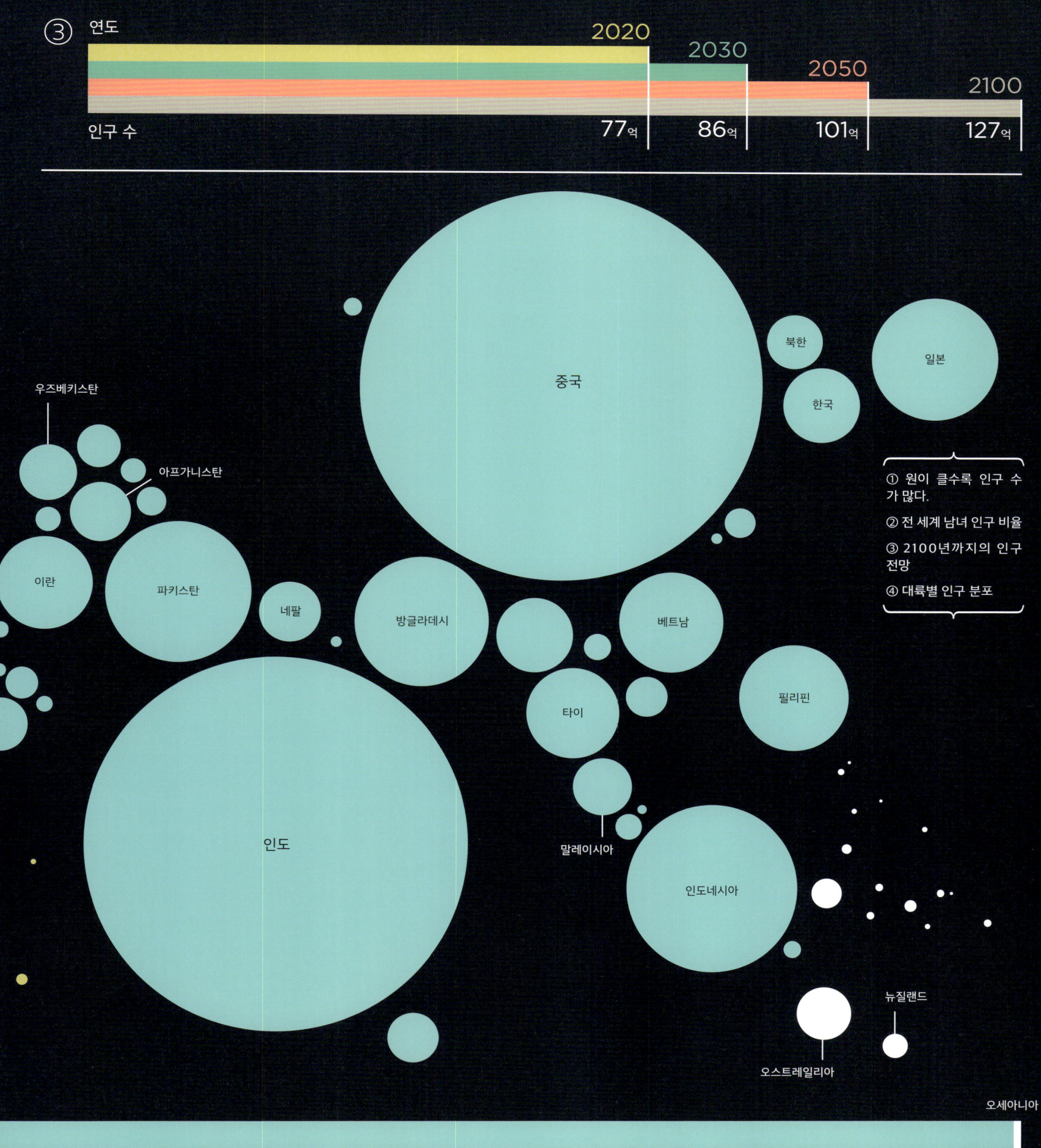

5. 세계의 언어

나는 스페인어를 쓰고, 학교에서 영어를 배워. 스페인어는 고대 로마인들이 쓰던 라틴어에서 비롯되었어. 프랑스어, 이탈리아어, 포르투갈어와 뿌리가 같지. 스페인어를 모국어로 쓰는 나라는 무척 많아.
스페인어는 세계에서 두 번째로 많이 쓰이는 언어란다.

① 각 언어를 모국어로 사용하는 대략적인 인구 (사람 모형 하나가 100만 명에 해당된다.)
② 스페인어를 모국어로 쓰는 사람이 가장 많은 나라는 멕시코다.
③ 영어를 공용어로 쓰는 나라는 60여 개국에 이른다.

① 세계에서 가장 많이 쓰이는 언어

중국어	스페인어	영어	힌디어	아랍어	벵골어	포르투갈어	러시아어	일본어	란다어
1311	460	379	341	319	238	221	154	128	119

② 세계 언어 지도

스페인어 · 중국어 · 영어 · 러시아어 · 란다어 · 아랍어 · 포르투갈어 · 일본어 · 힌디어 · 프랑스어 · 벵골어 · 다른 언어들

③ 제2외국어로 가장 많이 공부하는 언어

영어	1500
프랑스어	82
중국어	30
스페인어	14.5
독일어	14.5
이탈리아어	8
일본어	3

6. 세계의 직업

① 일반적인 직업들

1. 택배 기사 / 2. 조류학자 / 3. 치과 의사 / 4. 안과 의사 / 5. 심판 / 6. 시계공 / 7. 파일럿 / 8. 선장 / 9. 보석 세공사
10. 생선 장수 / 11. 목수 / 12. 기계공 / 13. 간호사 / 14. 수의사 / 15. 지질학자 / 16. 식당 종업원 / 17. 우주 비행사
18. 재단사 / 19. 광부 / 20. 어부 / 21. 선생님 / 22. 소방관 / 23. 사진사 / 24. 사이클 선수 / 25. 요리사 / 26. 전기 기사
27. 미용사 / 28. 의사 / 29. 화가 / 30. 작가 / 31. 음악가 / 32. 미장공 / 33. 과학자 / 34. 플로리스트 / 35. 판사
36. 우편집배원 / 37. 건축가 / 38. 정원사 / 39. 형사(탐정)

우리 엄마는 수의사고, 아빠는 목수야. 계속 같은 일을 해 오셨지. 그런데 요즘에는 인터넷이나 새로운 기술과 관련된 직업이 많이 생겨났다고 해.

① 전 세계 어디에나 있는 직업들이다.
② 정보 분석가(데이터 애널리스트)나 드론 전문가도 새로 생겨난 인기 직업이다.
③ 전 세계 인구 중 40억 명만이 일을 하고 있는 셈이다.

② 10년 전에는 없었던 다섯 가지 직업

1 앱 개발자

2 소셜 네트워크 서비스(SNS) 관리자

3 무인 자동차 엔지니어

4 클라우드 컴퓨팅* 전문가

5 유튜브 콘텐츠 개발자 (크리에이터)

*클라우드 컴퓨팅이란 서버에 정보를 저장해 놓고 언제 어디서든 접속해서 이용할 수 있게 하는 기술이다.

③ 세계 70억 인구는 무슨 일을 할까?

19억 명
일하기에는 너무 어리다.
(0-15세)

17억 명
서비스업 분야에서 일한다.

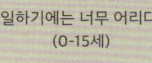
14억 명
농업 분야에서 일한다.

8억 명
제조업 분야에서 일한다.

5억 7700만 명
은퇴한 사람들이다.

4억 3000만 명
실업자이다

4억 명
기업가이다.

7. 집

① 각 나라에서 최근에 새로 지어진 집의 평균 크기
② 전통 가옥은 지역에서 구하기 쉬운 재료로 지역의 기후에 맞게 지어진다.

① 각 나라 집의 평균 크기

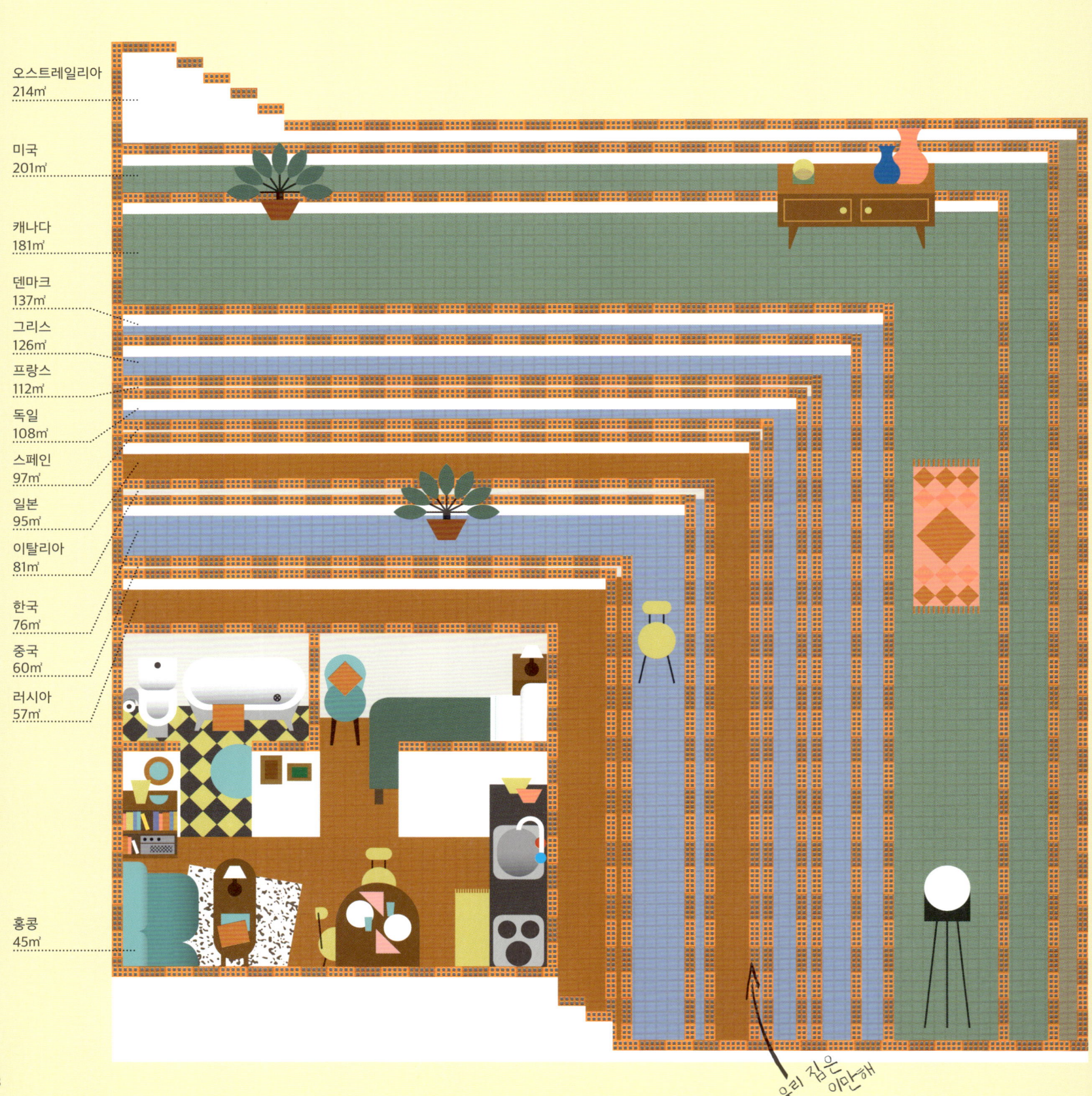

- 오스트레일리아 214㎡
- 미국 201㎡
- 캐나다 181㎡
- 덴마크 137㎡
- 그리스 126㎡
- 프랑스 112㎡
- 독일 108㎡
- 스페인 97㎡
- 일본 95㎡
- 이탈리아 81㎡
- 한국 76㎡
- 중국 60㎡
- 러시아 57㎡
- 홍콩 45㎡

우리 집은 이만해

우리 가족은 아파트에서 살아. 3층이라 베란다에서 바다도 보여. 아주 넓지는 않지만, 볕도 잘 들고.
방은 두 개인데, 하나는 부모님이 쓰고 다른 하나는 나랑 동생이 써.

② 세계의 전통 가옥

1. 샬레 — 스위스
2. 이즈바 — 러시아
3. 트룰로 — 이탈리아
4. 홀 하우스 — 영국
5. 토르프베르 — 아이슬란드
6. 론다벨 — 남아프리카
7. 팔레이루 — 포르투갈
8. 콘치 하우스 — 미국
9. 이글루 — 캐나다(북극)
10. 한옥 — 한국
11. 갓쇼즈쿠리 — 일본
12. 무드히프 — 이라크
13. 게르 — 몽골
14. 퀸즐랜더 — 오스트레일리아

8. 도시의 인구

나는 바르셀로나에 살아. 바르셀로나는 아주 크지도 아주 작지도 않은 도시야. 하지만 유럽에서 가장 인구 밀도가 높은 도시 중 하나지. 일정한 공간 안에 사는 사람 수가 다른 도시보다 많다는 말이야.

① 도시와 인구 수

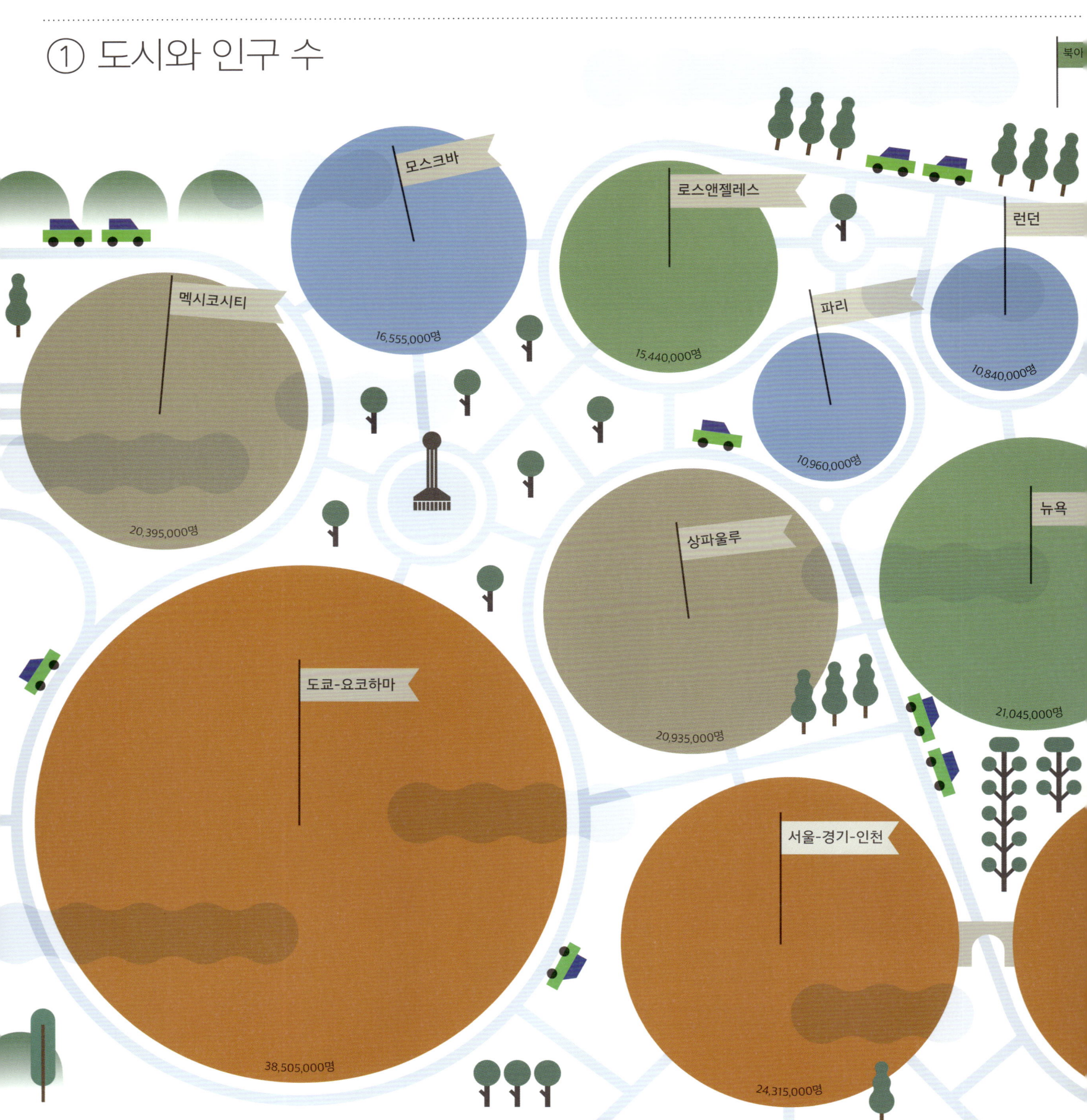

① 원의 색깔은 대륙을 나타내며, 원의 크기는 인구 수에 비례한다.
② 1㎢당 인구 수. 인물 모형 하나는 1000명에 해당한다.
③ 1950년대에 인구 1000만이 넘는 거대 도시는 뉴욕과 도쿄뿐이었다.
④ 2030년에는 인구 1000만이 넘는 거대 도시가 43곳에 이를 것이라고 한다.

아시아 · 아프리카 · 중남아메리카 · 유럽

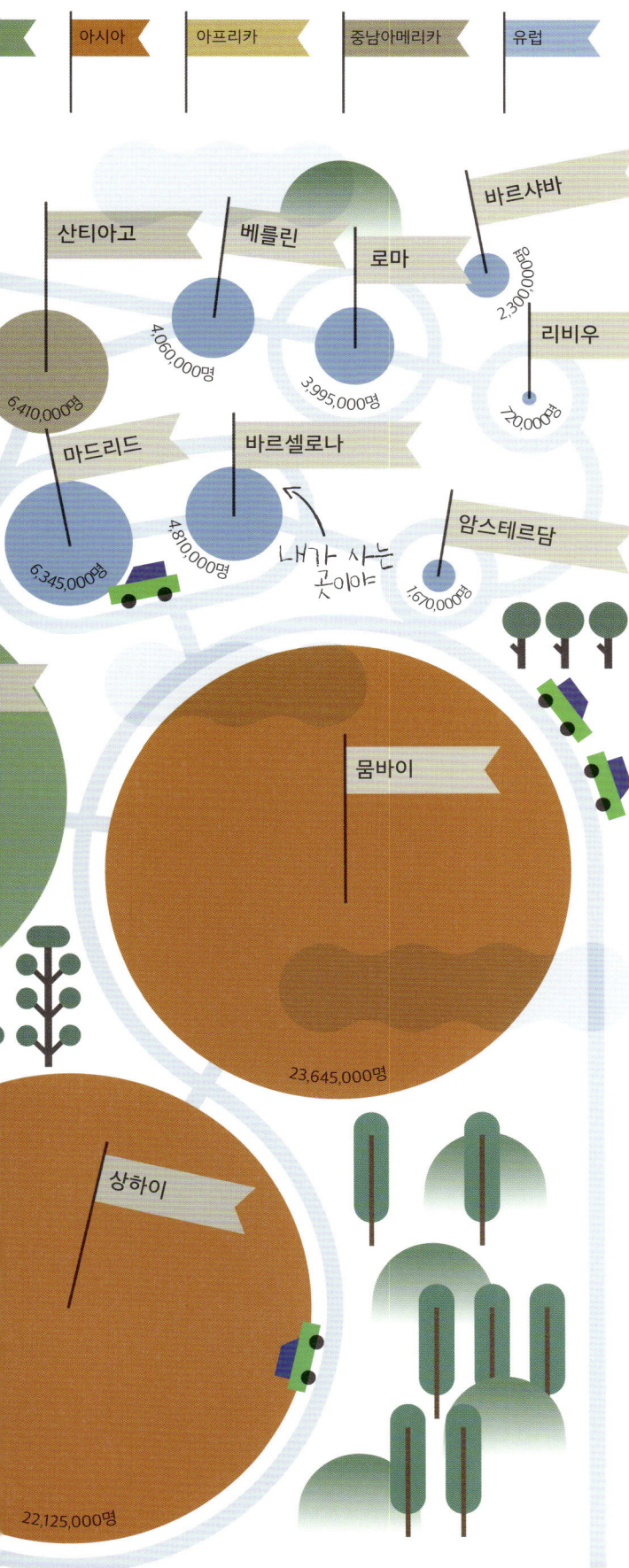

② 각 도시의 인구 밀도

 1000명  1 km²

다카 방글라데시	뭄바이 인도	홍콩 중국	알렉산드리아 이집트
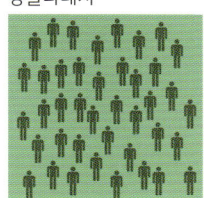	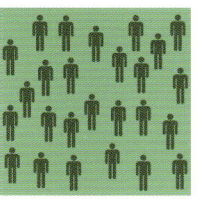	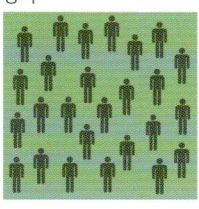	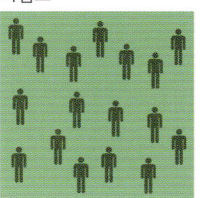
이스탄불 터키	서울-경기-인천 한국	멕시코시티 멕시코	제노바 이탈리아
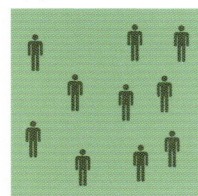	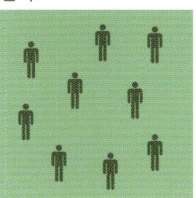	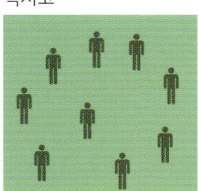	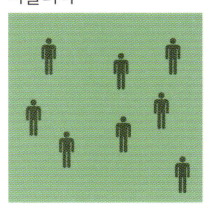
런던 영국	산티아고 칠레	마드리드 스페인	뮌헨 독일
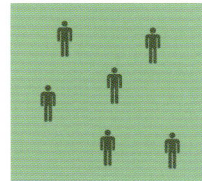	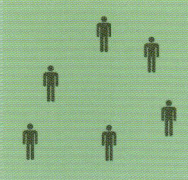	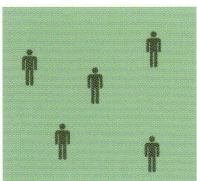	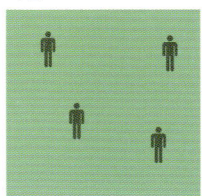
파리 프랑스	암스테르담 네덜란드	티히 폴란드	뉴욕 미국
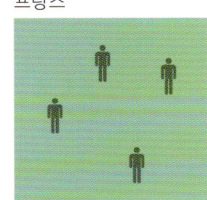	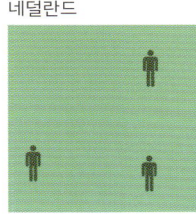	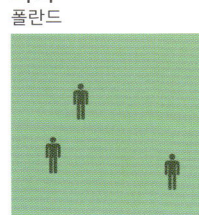	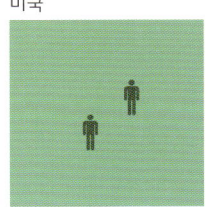

③ 1950년 사람이 가장 많이 살았던 도시
(단위: 1만)

도시	인구
미국 뉴욕	1240
일본 도쿄	1130
영국 런던	840
일본 오사카	700
프랑스 파리	630
러시아 모스크바	540
아르헨티나 부에노스아이레스	510
미국 시카고	500
인도 콜카타	450
중국 상하이	430

④ 2030년 사람이 가장 많이 살 도시
(단위: 1만)

도시	인구
인도 델리	3893
일본 도쿄	3657
중국 상하이	3286
방글라데시 다카	2807
이집트 카이로	2551
인도 뭄바이	2457
중국 베이징	2428
멕시코 멕시코시티	2411
브라질 상파울루	2382
콩고 민주 공화국 킨샤사	2191

9. 세계의 아침 식사

일본

쌀밥 또는 오카유(죽),
된장국,
달걀말이,
연어 구이.

스페인

이게 내 아침이야

올리브유와 치즈,
하몽(햄)을 곁들인
토스타다(토스트),
초콜릿 우유.

터키

빵, 치즈, 버터,
올리브, 달걀, 토마토,
오이, 잼, 꿀,
그리고 카이막(유제품).

프랑스

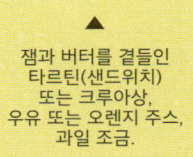

잼과 버터를 곁들인
타르틴(샌드위치)
또는 크루아상,
우유 또는 오렌지 주스,
과일 조금.

영국

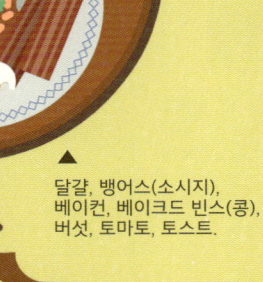

달걀, 뱅어스(소시지),
베이컨, 베이크드 빈스(콩),
버섯, 토마토, 토스트.

말라위

팔라(옥수수죽),
치콘다모요
(옥수수 케이크),
삶은 감자,
설탕을 넣은
히비스커스 주스.

브라질

햄과 치즈를 곁들인 빵,
비스나기나(달콤한 빵)와
헤케이장(유제품).

아이슬란드

황설탕, 메이플 시럽, 버
터, 쉬르묄크(신 우유)가
들어간 하브라그뢰위튀르
(귀리죽).

네덜란드

우유 또는 카르네멜크
(버터를 만들고
남은 신 우유),
버터와 하헐슬라흐(초콜릿 칩)를
듬뿍 얹은 빵.

나는 세계의 모든 아이들이 나랑 똑같은 아침을 먹는 줄 알았어. 그런데 그렇지가 않더라고. 한국에서는 아침에 국을 먹는다는 얘기를 듣고 깜짝 놀랐어. 일본에서는 연어를 먹고, 브라질에서는 때때로 우유를 넣은 커피를 마신대!

10. 도시의 교통 체증

① 세계에서 교통 체증이 가장 심한 도시들

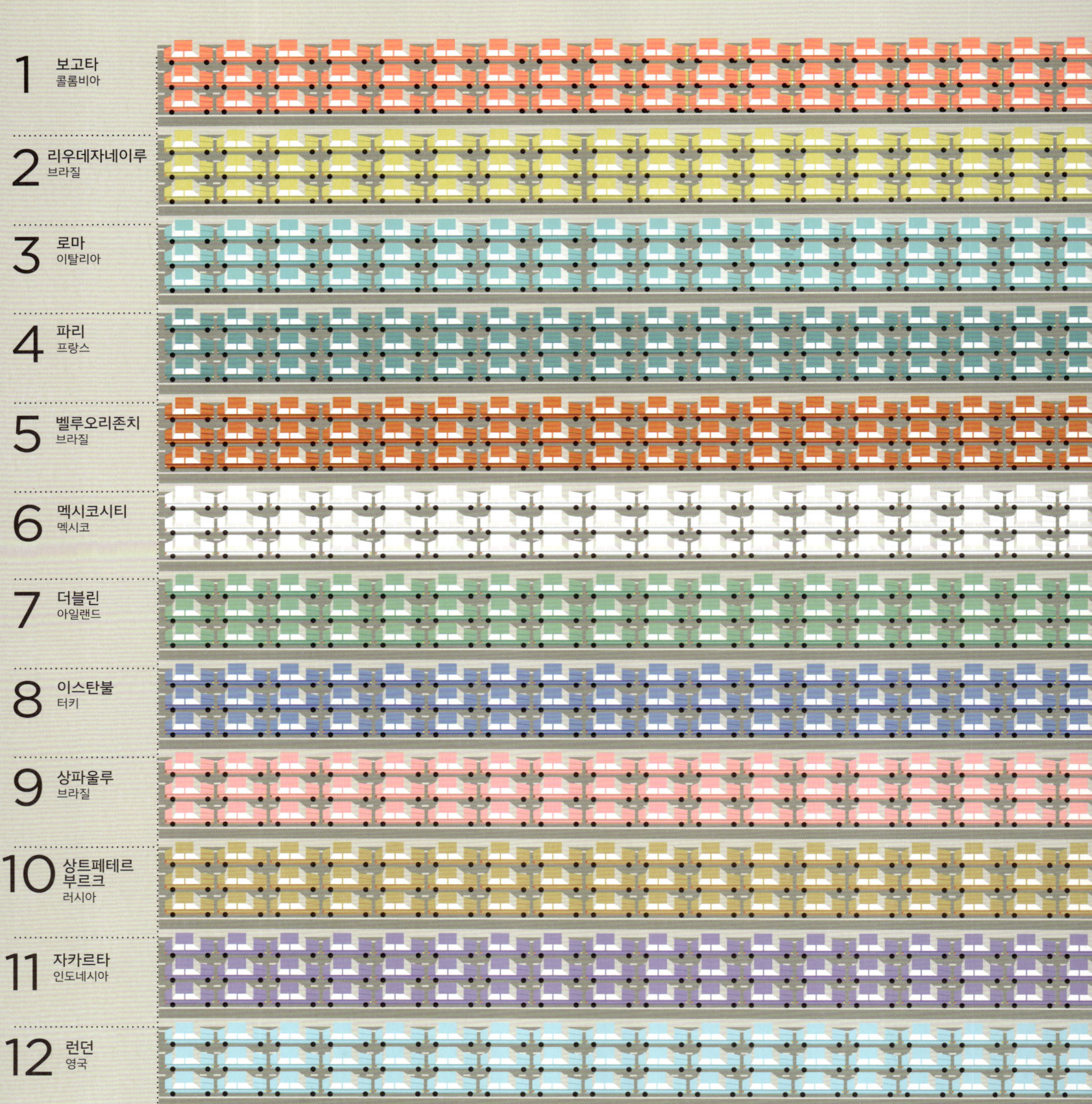

1 보고타 / 콜롬비아
2 리우데자네이루 / 브라질
3 로마 / 이탈리아
4 파리 / 프랑스
5 벨루오리존치 / 브라질
6 멕시코시티 / 멕시코
7 더블린 / 아일랜드
8 이스탄불 / 터키
9 상파울루 / 브라질
10 상트페테르부르크 / 러시아
11 자카르타 / 인도네시아
12 런던 / 영국

우리 집은 학교에서 가까워. 내가 사는 도시에서는 자동차로 8분 안에 어디든지 갈 수 있어. 길이 막히지도 않지. 그런데 어떤 도시에서는 자동차가 많아서 길이 많이 막히고, 학교에 가는 데 한 시간 넘게 걸리기도 한대!

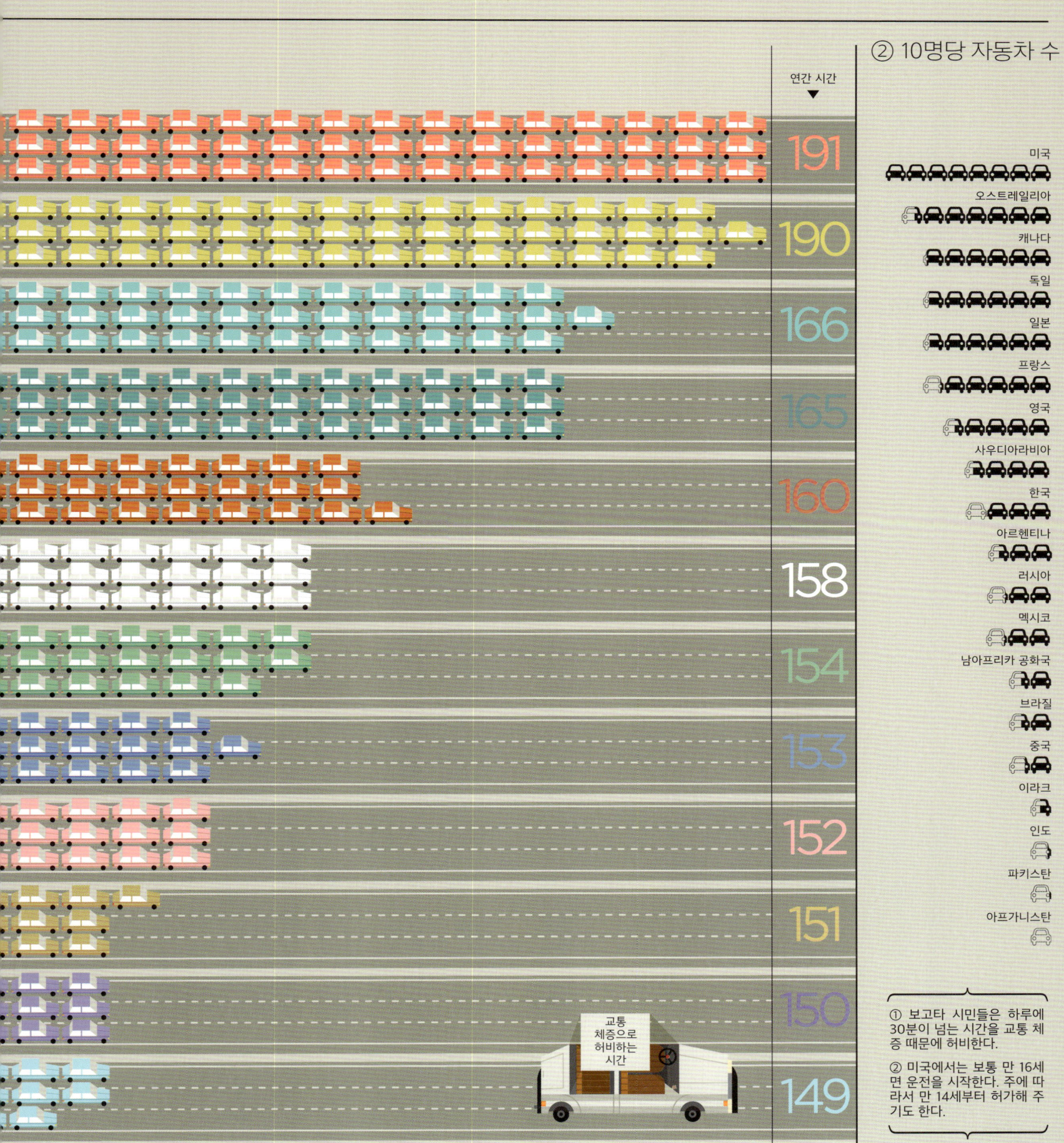

② 10명당 자동차 수

연간 시간

191
190
166
165
160
158
154
153
152
151
150
149

미국
오스트레일리아
캐나다
독일
일본
프랑스
영국
사우디아라비아
한국
아르헨티나
러시아
멕시코
남아프리카 공화국
브라질
중국
이라크
인도
파키스탄
아프가니스탄

교통 체증으로 허비하는 시간

① 보고타 시민들은 하루에 30분이 넘는 시간을 교통 체증 때문에 허비한다.
② 미국에서는 보통 만 16세면 운전을 시작한다. 주에 따라서 만 14세부터 허가해 주기도 한다.

11. 학교에서

① 나라별 초중등학교 의무 교육 시간과 총 의무 교육 연수

②, ③ 만 나이가 기준이다.

④ 2002년부터 2018년 사이 초등학교에 입학하지 못한 아이들 숫자

⑤ 2020년 한국의 대학 진학률은 76.5%에 이른다.

나는 많은 시간을 학교에서 보내. 스페인에서는 여섯 살부터 열여섯 살까지 의무 교육을 받아야 하거든. 그렇지만 모든 나라가 똑같지는 않을 거야. 아직도 세상에는 학교에 가지 못하는 아이들이 많아. 그래도 다행히 해마다 그 숫자가 줄어들고 있다.

① 나라별 의무 교육 시간

초등학교

중학교

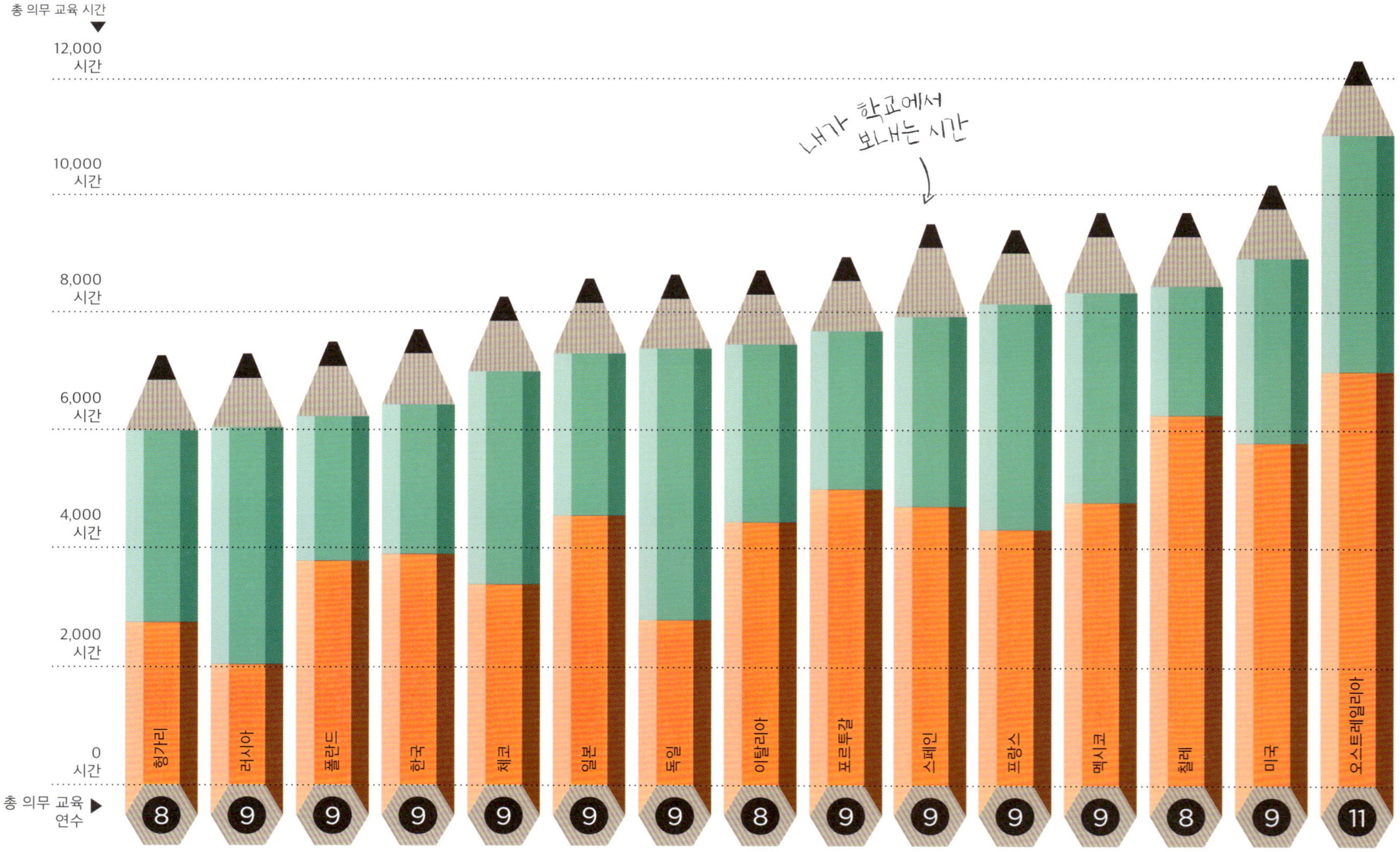

총 의무 교육 시간

12,000 시간

10,000 시간

내가 학교에서 보내는 시간

8,000 시간

6,000 시간

4,000 시간

2,000 시간

0 시간

총 의무 교육 연수

헝가리	러시아	폴란드	한국	체코	일본	독일	이탈리아	포르투갈	스페인	프랑스	멕시코	칠레	미국	오스트레일리아
8	9	9	9	9	9	9	8	9	9	9	9	8	9	11

26

② 학교에 입학하는 나이

12%
66%
22%
4-5 세
6 세
7 세

③ 지도로 보는 학교에 입학하는 나이

자료 없음
4 세
5 세
6 세
7 세

④ 학교 교육을 받지 못하는 아이들

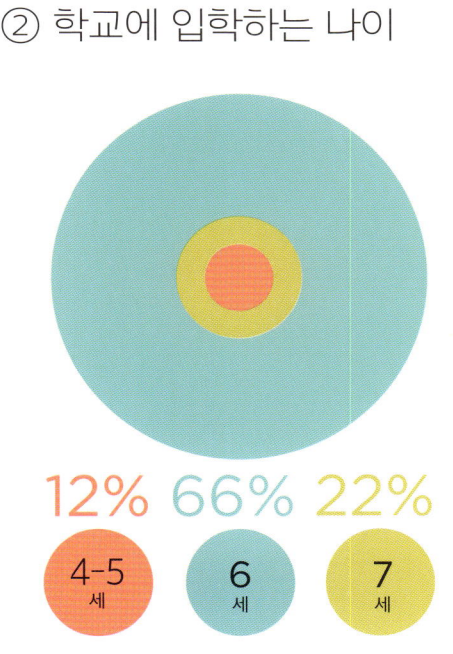

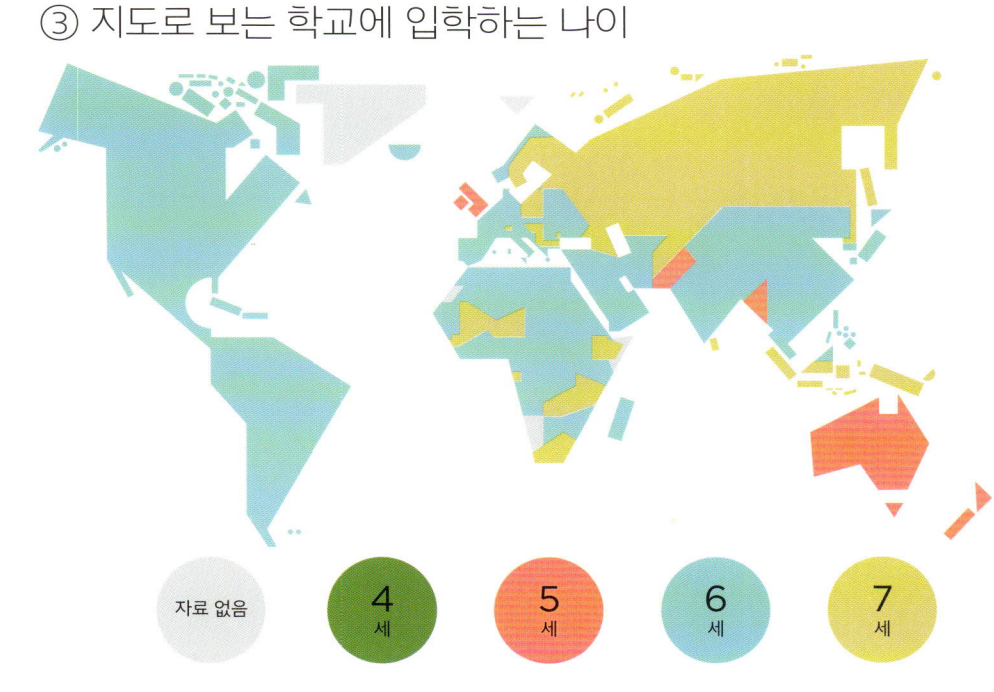

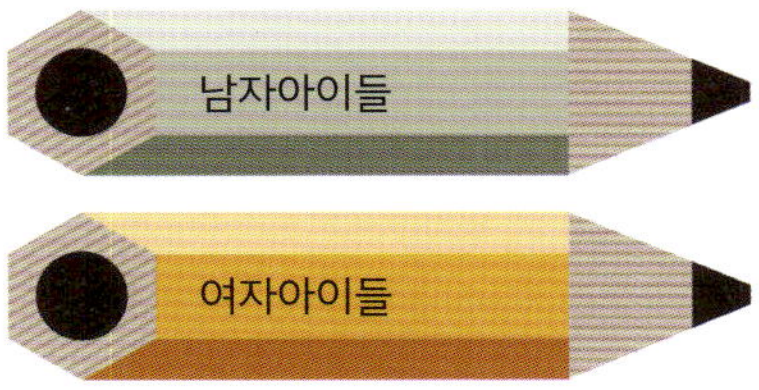

남자아이들
여자아이들

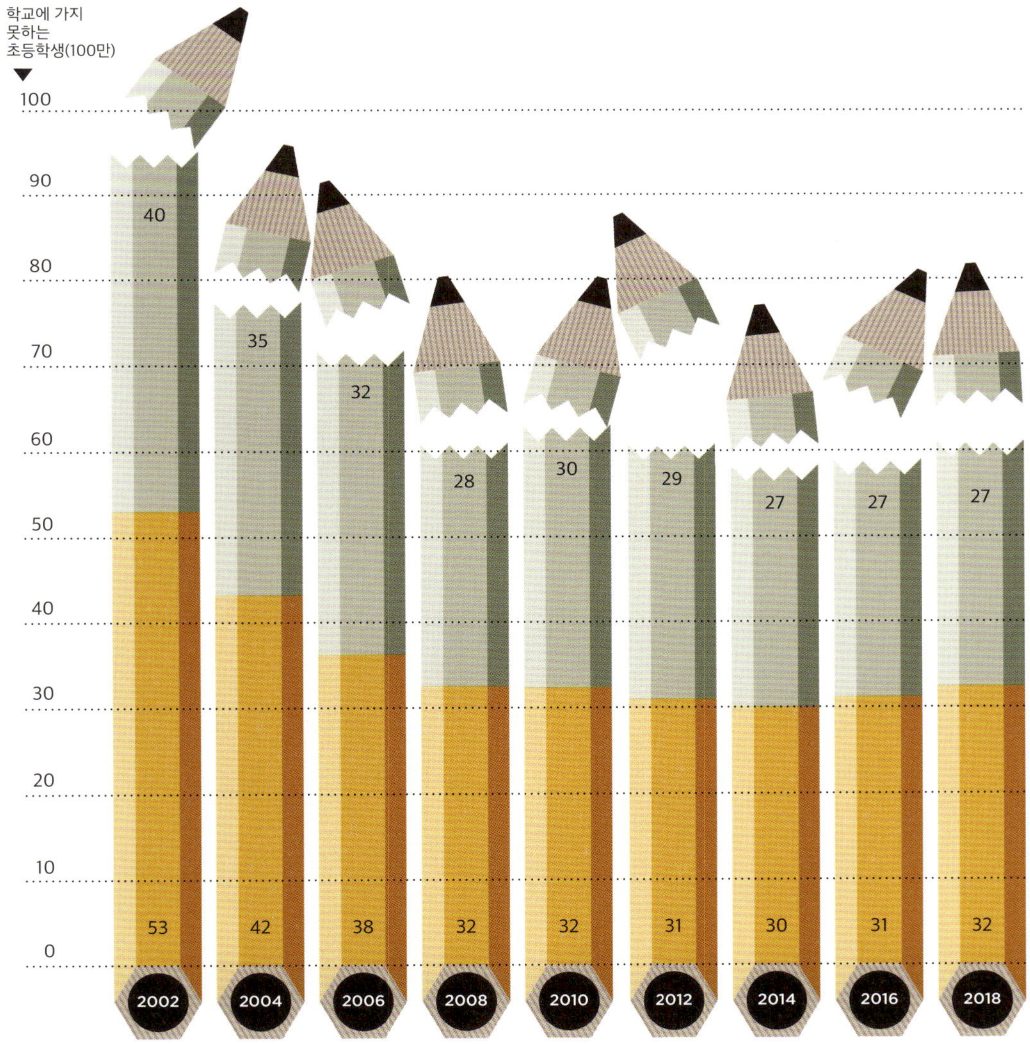

학교에 가지 못하는 초등학생(100만)
100
90
80
70
60
50
40
30
20
10
0
40
35
32
28
30
29
27
27
27
53
42
38
32
32
31
30
31
32
2002
2004
2006
2008
2010
2012
2014
2016
2018

⑤ 오늘날 청년들은 무슨 공부를 할까?

경영학, 행정학, 법학	23%
공학	16%
의학, 간호학, 사회복지학	13%
예술, 인문학	11%
사회학, 정치외교학, 언론정보학	10%
교육학	9%
자연 과학	6%
정보 통신 기술학	5%
다른 분야	7%

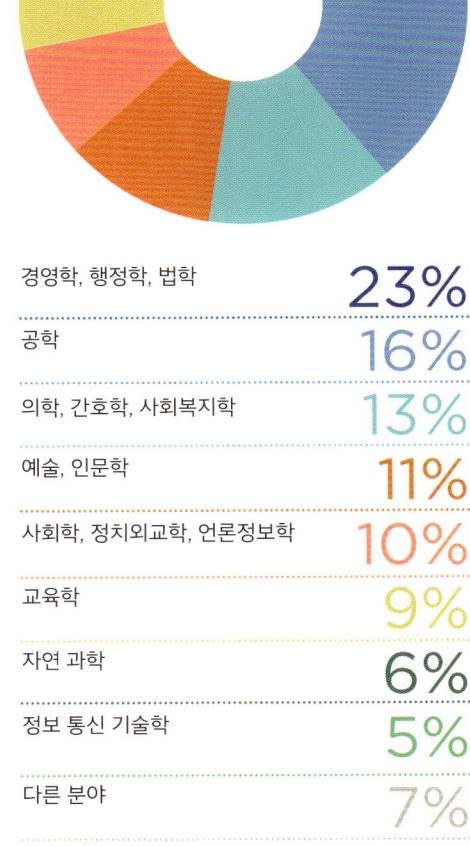

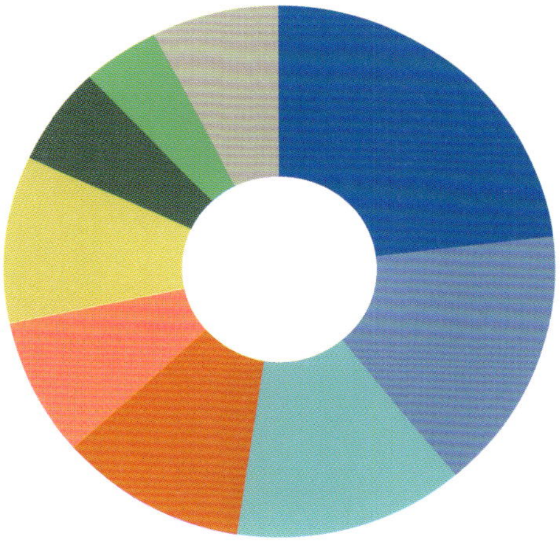

오스트레일리아 ▼ 쿠바 ▼ 영국 ▼

한국 ▼ 북한 ▼ 나이지리아 ▼

남아프리카 공화국 ▼ 페루 ▼ 스리랑카 ▼

12. 교복

{ ① 세계의 다양한 교복
② 공립 학교와 사립 학교를 통틀어 평균을 낸 숫자다. }

② 초등학교의 학급당 학생 수

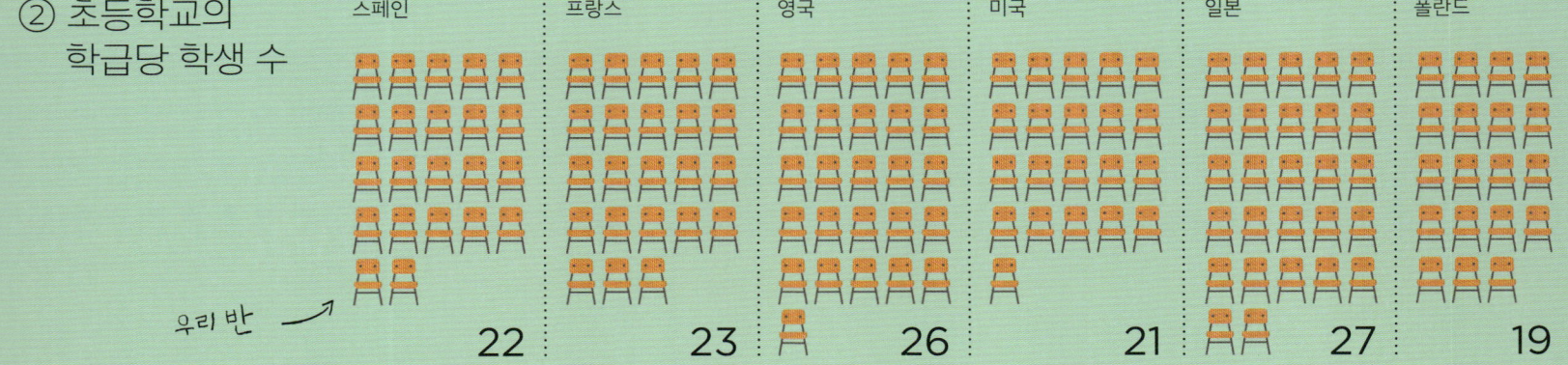

스페인	프랑스	영국	미국	일본	폴란드
22	23	26	21	27	19

우리 반 →

▼가나 ▼온두라스 ▼인도 ▼일본 ▼인도네시아 ▼이란 ▼베트남 ▼중국 ▼파키스탄

스페인에는 교복을 입는 학교보다 입지 않는 학교가 더 많아. 대부분 편한 옷을 입고 학교에 다니지. 어떤 나라에서는 계절마다 다른 교복을 입기도 하고, 또 어떤 나라에서는 종교 색이 드러나는 교복을 입기도 한대.

한국	칠레	아이슬란드	이탈리아	멕시코	포르투갈	중국
23	30	19	19	22	21	37

13. 학교 급식

각 나라 학교의 일반적인 급식 식단

드디어 점심시간이다! 배가 너무 고파! 나는 한달음에 식당으로 달려가 식판을 들고 줄을 서.
세계 여러 나라를 돌아다니며 다양한 급식을 맛보면 얼마나 재미있을까?

이탈리아
루콜라를 곁들인 생선 구이, 파스타, 인살라타 알라 카프레제(토마토, 모차렐라, 바질 샐러드), 빵, 과일.

체코
소스를 곁들인 돼지고기 구이, 감자 버섯 수프, 크네들리키(찐빵), 양배추 절임, 사과 주스.

영국
소시지와 강낭콩, 햄버그스테이크, 옥수수, 멜론, 배 주스.

브라질
검은콩을 넣은 밥, 돼지고기 피망 볶음, 채소 샐러드, 씨앗 빵, 구운 바나나.

쿠바
포타헤 데 치차로스(노란 완두콩 수프), 쌀밥, 크로케타스 데 포요(닭고기 크로켓), 삶은 토란, 바나나.

중국
찐만두, 쌀밥, 채소 수프, 국수 샐러드, 우유.

일본
쌀밥, 연어 구이, 된장국, 오징어볼, 우유.

노르웨이
햄과 오이, 치즈와 토마토를 얹은 통밀빵, 당근, 사과, 포도, 우유.

스웨덴
채소 스튜, 삶은 감자, 양배추 당근 샐러드, 호밀 과자, 크랜베리 주스.

폴란드
국수와 파슬리를 넣은 토마토 수프, 돼지고기 커틀릿과 삶은 감자, 채소 샐러드 또는 채소 절임, 사과나 배, 복숭아.

인도
쌀밥과 케사리밧(밀가루, 설탕, 버터, 우유로 만든 달콤한 음식), 삼바르(비둘기콩과 채소, 타마린드를 넣고 끓인 매운 스튜), 버터밀크, 채소 볶음, 다히(플레인 요구르트).

미국
치킨 너깃과 케첩, 매시트포테이토, 완두콩, 프루트칵테일, 초콜릿 과자.

핀란드
완두콩 수프, 당근 샐러드, 비트 샐러드, 빵, 파누카쿠(핀란드식 팬케이크).

한국
잡곡밥, 미역국, 삼색 나물, 갈비찜, 깍두기.

프랑스
껍질콩과 당근을 곁들인 소고기 스테이크, 브리 치즈, 사과, 키위.

스페인
파에야(고기, 해물, 채소 따위를 넣은 쌀 요리), 가스파초(차가운 수프), 파프리카 샐러드, 빵, 오렌지.

이게 내가 먹는 점심

우크라이나
보르시(비트를 넣고 끓인 수프), 소시지와 매시트포테이토, 양배추 절임, 블리니(러시아식 팬케이크).

탄자니아
닭고기 스튜, 우갈리(옥수수 떡), 수쿠마위키(토마토 케일 볶음), 수박.

그리스
오르초(보리로 만든 쌀알 모양 파스타)를 곁들인 닭고기, 돌마(볶은 쌀, 잣, 허브 따위를 포도잎으로 싼 음식), 호리아티키 살라타(오이, 토마토, 치즈를 올리브유에 버무린 샐러드), 석류를 넣은 요구르트, 귤.

러시아
보르시, 소고기 스테이크와 카샤(물이나 우유에 메밀 따위를 끓여 만든 죽), 호밀빵.

포르투갈
병아리콩 수프, 정어리 구이, 토마토 샐러드, 삶은 감자, 사과.

14. 숙제

학교가 끝나면 가방을 메고 집으로 가. 집에 도착하면 제일 먼저 간식을 먹고, 잠깐 쉬지. 그러면 엄마나 아빠가 아주 짜증 나는 질문을 해. "오늘 숙제 없니?" 다른 나라 친구들도 숙제하느라 많은 시간을 보내는 거 같아. 스트레스를 잔뜩 주는 숙제도 있어! 특히 수학 숙제가 그래!

① OECD 국가의 아이들이 일주일 동안 숙제를 하는 데 쓰는 시간이다.

② 부모들이 일주일 동안 아이들 숙제를 도와주는 데 쓰는 시간이다.

③ OECD에서 80개국 15세 청소년을 대상으로 조사한 바에 따르면 중국 청소년들의 수학 성적이 가장 좋았다고 한다.(2018년 기준)

① 숙제가 많은 나라

순위	나라	주당 평균 시간
1	이탈리아	8.7
2	폴란드	6.6
3	스페인	6.5
4	미국	6.1
5	프랑스	5.1
6	영국	4.9
7	독일	4.7

나의 숙제

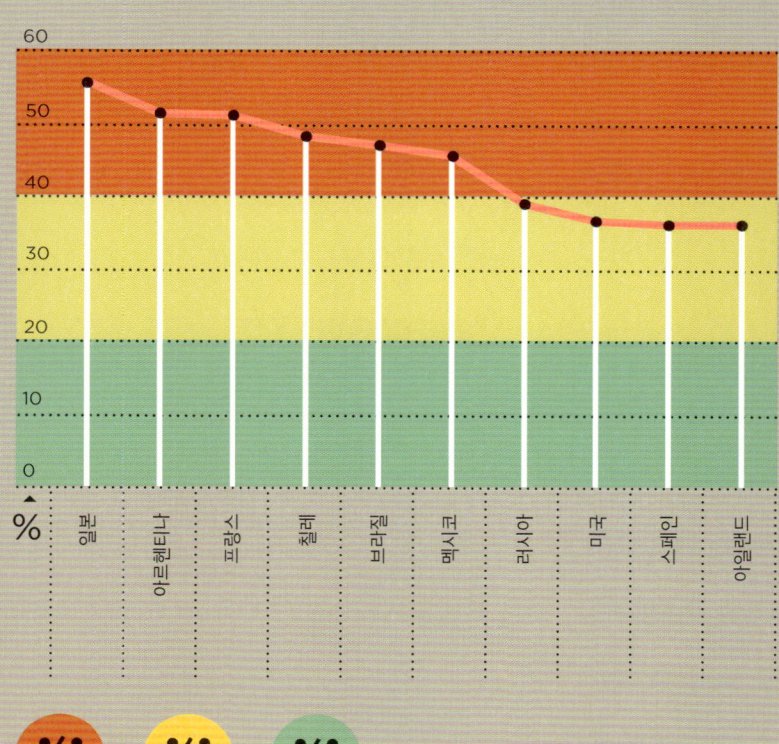

3.8	3.8	3.5	3.1	2.9	2.8	4.9
8 일본	9 포르투갈	10 칠레	11 체코	12 한국	13 핀란드	평균

15. 인터넷과 소셜 네트워크 서비스

① 부모들이 정해 놓은 인터넷 사용 시간

%
4.6%
20.7%
48.3%
20.5%
5.8%

 제한 없음
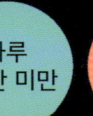 하루 1시간 미만
 하루 1-2시간
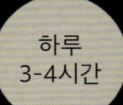 하루 3-4시간
하루 4시간 초과

② 일주일 평균 스마트폰 사용 시간

시간
39
30
27

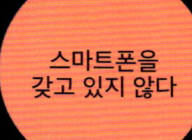

- 스마트폰을 갖고 있고, 활발하게 소셜 네트워크 활동을 한다
- 스마트폰을 갖고 있지만, 소셜 네트워크 활동을 활발하게 하지 않는다
- 스마트폰을 갖고 있지 않다

③ 인터넷에 접속하는 장치

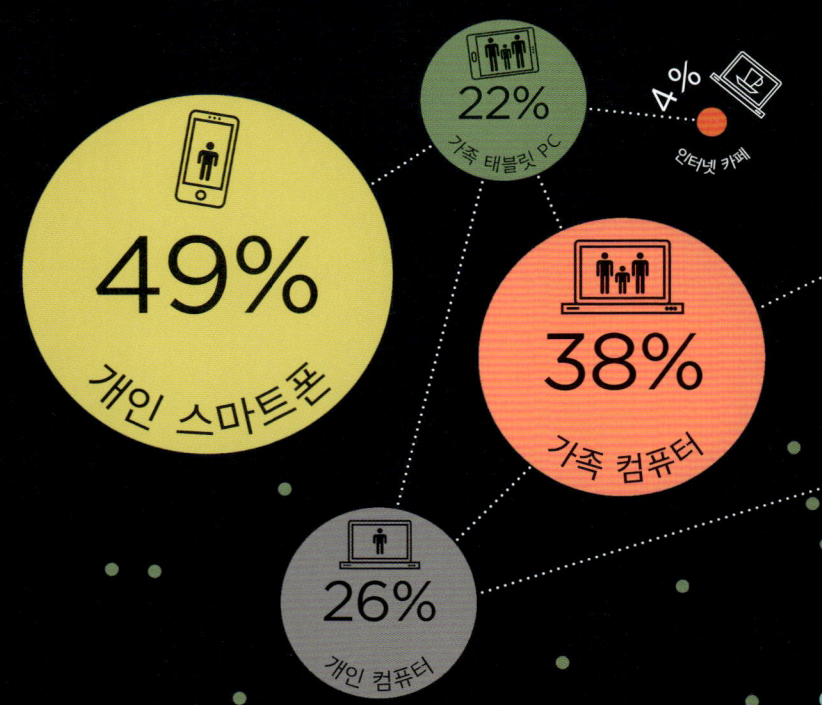

- 49% 개인 스마트폰
- 22% 가족 태블릿 PC
- 4% 인터넷 카페
- 38% 가족 컴퓨터
- 26% 개인 컴퓨터

드디어 숙제를 끝냈어. 이제 부모님이 인터넷을 하게 해 주실 거야. 컴퓨터 앞에 앉으면 시간이 얼마나 빨리 가는지 몰라. 봐, 벌써 엄마가 와서 컴퓨터를 끄고 자라고 하시잖아.

④ 주로 사용하는 소셜 네트워크 서비스

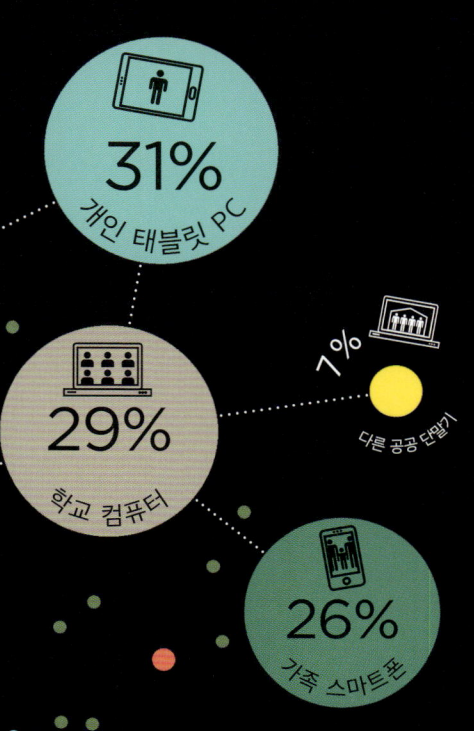

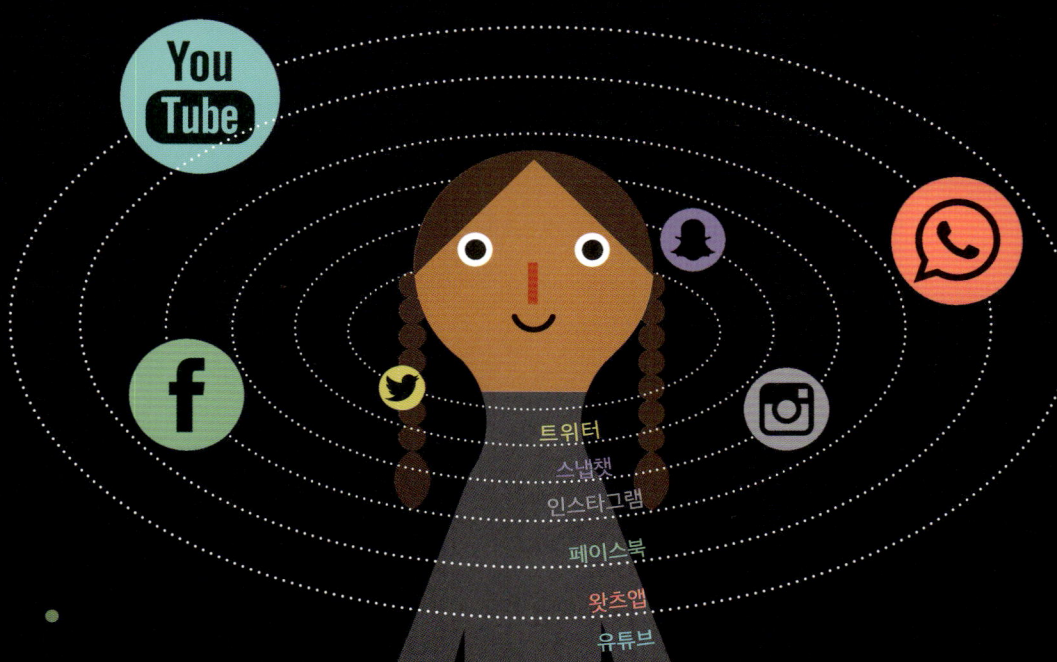

31% 개인 태블릿 PC
7% 다른 공공 단말기
29% 학교 컴퓨터
26% 가족 스마트폰

트위터
스냅챗
인스타그램
페이스북
왓츠앱
유튜브

54% 45% 39% 29% 22% 13%

⑤ 소셜 네트워크 서비스의 가입 가능 연령

① 미국 소아과 협회가 정한 어린이 인터넷 사용 권장 시간은 하루 2시간 미만이다.

② 일주일 평균 어린이가 스마트폰을 사용하는 시간은 32시간으로 학교에서 보내는 시간보다 길다.

③ 어른과 어린이 모두 가장 많이 사용하는 인터넷 단말기는 스마트폰이다.

④ 전 세계에서 소셜 미디어를 가장 많이 사용하는 나라는 아랍 에미리트, 타이완, 한국, 싱가포르, 홍콩 순이다.

⑤ 공식적으로 소셜 미디어를 사용할 수 있는 연령이 평균 13세임에도 8-12세 어린이의 85%가 소셜 미디어를 사용한다.

13세
페이스북
트위터
인스타그램
스냅챗
핀터레스트
텀블러
레딧
구글+

14세
링크드인
구글+
(스페인과 한국)

16세
왓츠앱
유튜브

17세
페리스코프

18세
킥
플리커

35

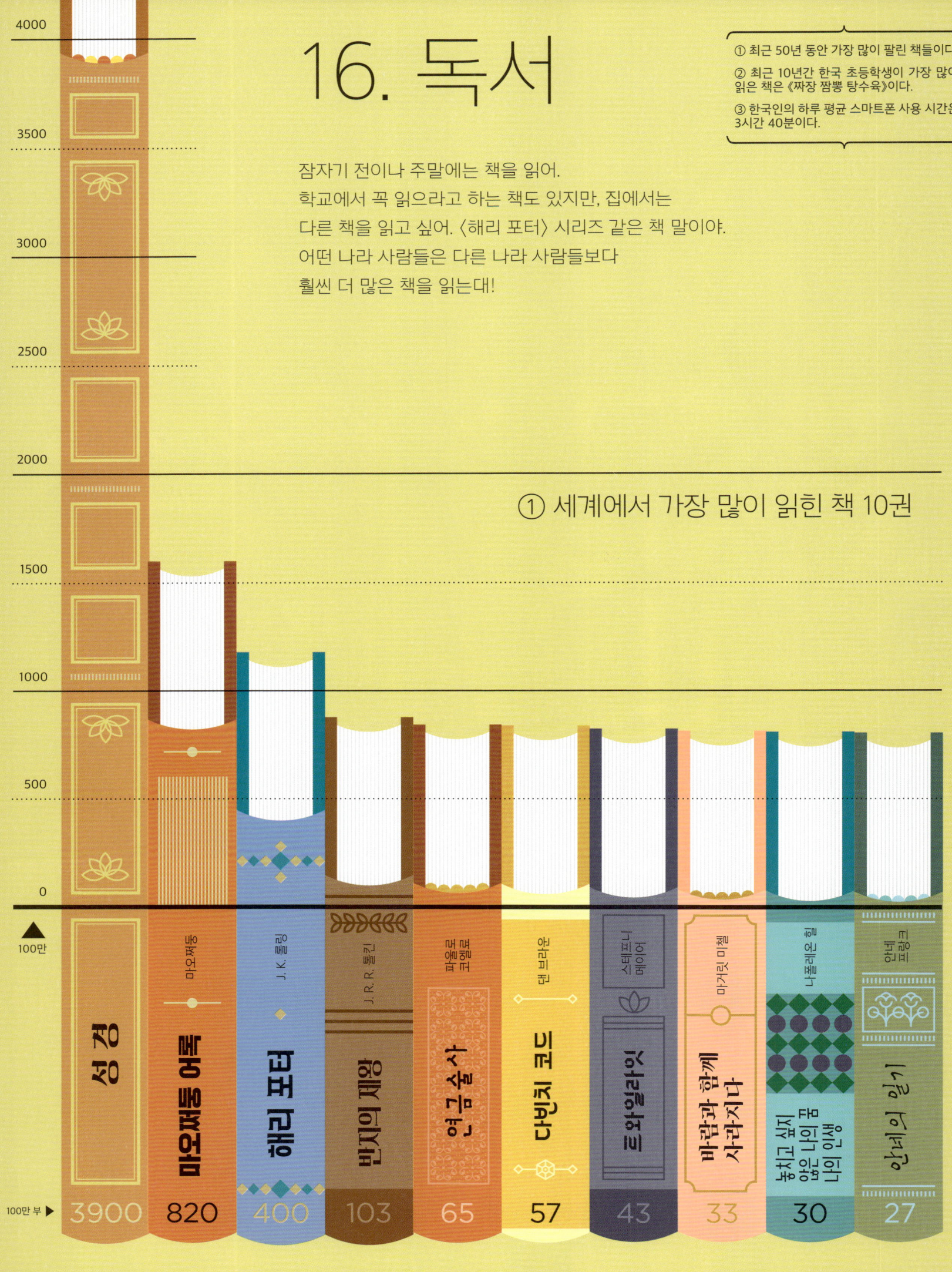

② 각 나라의 필독 도서 목록

책	저자	나라
전쟁이 시작된 날	존 마스든	오스트레일리아
파우스트	요한 볼프강 폰 괴테	오스트리아
죽음과 삶	주앙 카브랄 지 멜루 네투	브라질
전쟁	티모시 핀들리	캐나다
난장이가 쏘아올린 작은 공	조세희	한국
논어	공자	중국
백년의 고독	가브리엘 가르시아 마르케스	콜롬비아
나날들	타하 후세인	이집트
7인의 형제들	알렉시스 키비	핀란드
어린 왕자	앙투안 드 생텍쥐페리	프랑스
안네의 일기	안네 프랑크	독일
모든 것이 산산이 부서지다	치누아 아체베	가나, 나이지리아
간디 자서전	마하트마 간디	인도
수도원의 비망록	주제 사라마구	포르투갈
약혼자들	알레산드로 만초니	이탈리아
판 타데우시	아담 미츠키에비츠	폴란드
전쟁과 평화	레프 톨스토이	러시아
돈키호테	미겔 데 세르반테스 사아베드라	스페인
앵무새 죽이기	하퍼 리	미국
변신	프란츠 카프카	체코

나 이 책 읽을 거야

③ 책을 많이 읽는 나라들

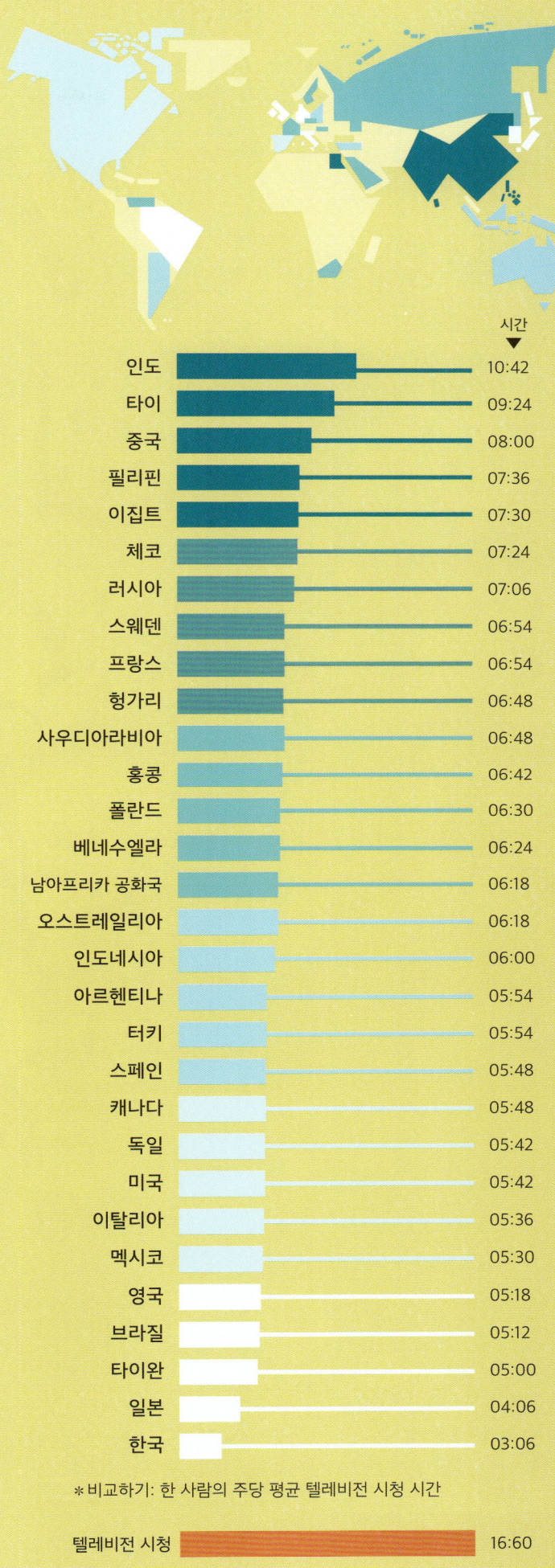

나라	시간
인도	10:42
타이	09:24
중국	08:00
필리핀	07:36
이집트	07:30
체코	07:24
러시아	07:06
스웨덴	06:54
프랑스	06:54
헝가리	06:48
사우디아라비아	06:48
홍콩	06:42
폴란드	06:30
베네수엘라	06:24
남아프리카 공화국	06:18
오스트레일리아	06:18
인도네시아	06:00
아르헨티나	05:54
터키	05:54
스페인	05:48
캐나다	05:48
독일	05:42
미국	05:42
이탈리아	05:36
멕시코	05:30
영국	05:18
브라질	05:12
타이완	05:00
일본	04:06
한국	03:06

*비교하기: 한 사람의 주당 평균 텔레비전 시청 시간

텔레비전 시청	16:60

17. 세계의 운동

① 세계에서 가장 먼저 프로 야구를 시작한 나라는 미국이지만, 미국에서 가장 인기 있는 스포츠는 미식축구다.

② 전 세계 사람들이 가장 좋아하는 운동은 축구이지만, 가장 많이 하는 운동은 수영이다.

① 각 나라에서 가장 인기 있는 프로 스포츠

축구 · 아이스하키 · 미식축구 · 야구 · 크리켓 · 레슬링

나는 학교에서, 그리고 주말마다 운동을 해. 내가 가장 좋아하는 운동은 수영이야.
나라마다 가장 좋아하는 운동이 있지. 스페인뿐 아니라 전 세계에서
가장 인기 있는 운동은 축구라고 해.

농구
오스트레일리아식 축구
럭비
게일릭 축구
배구

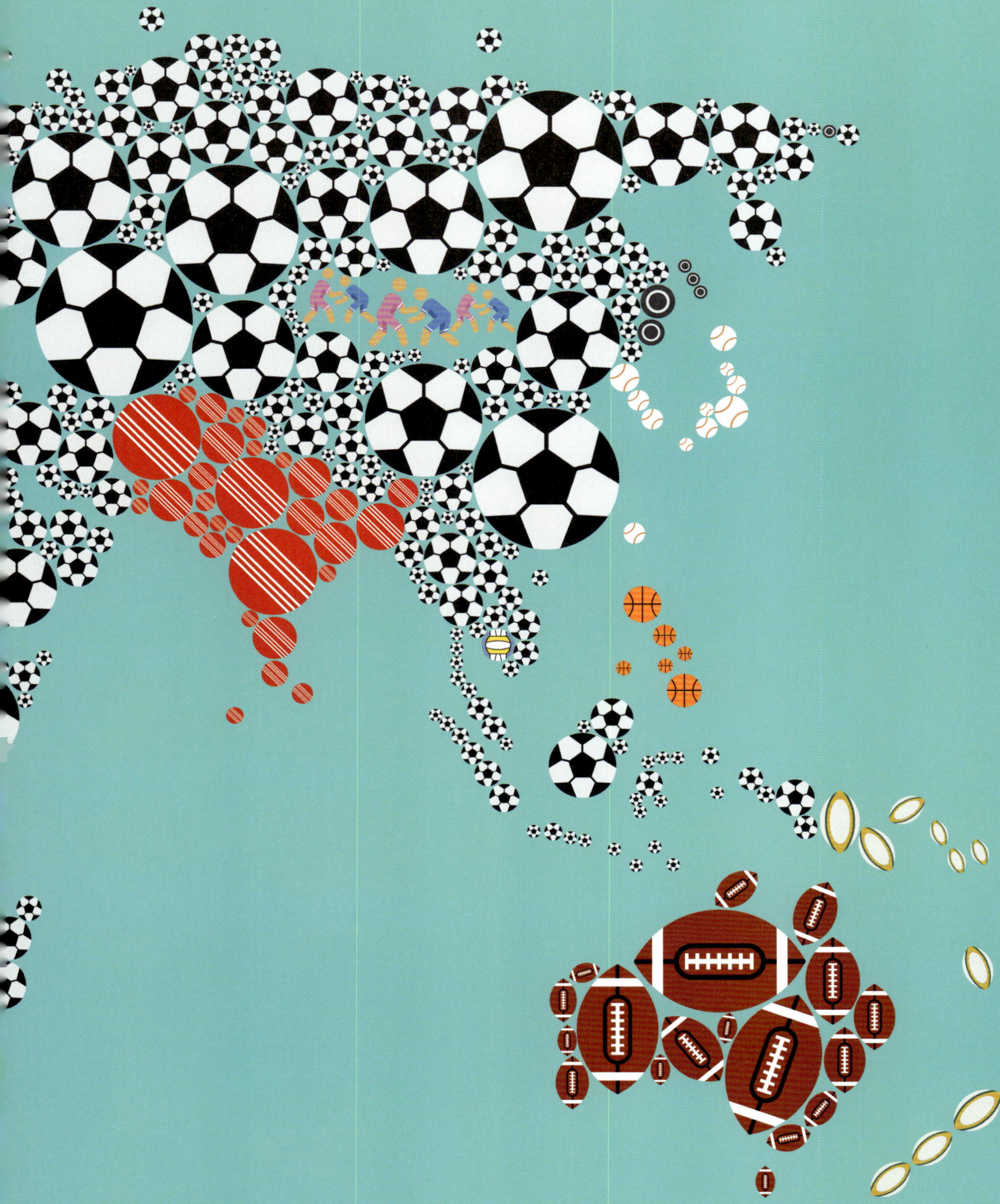

② 가장 많이 하는 운동

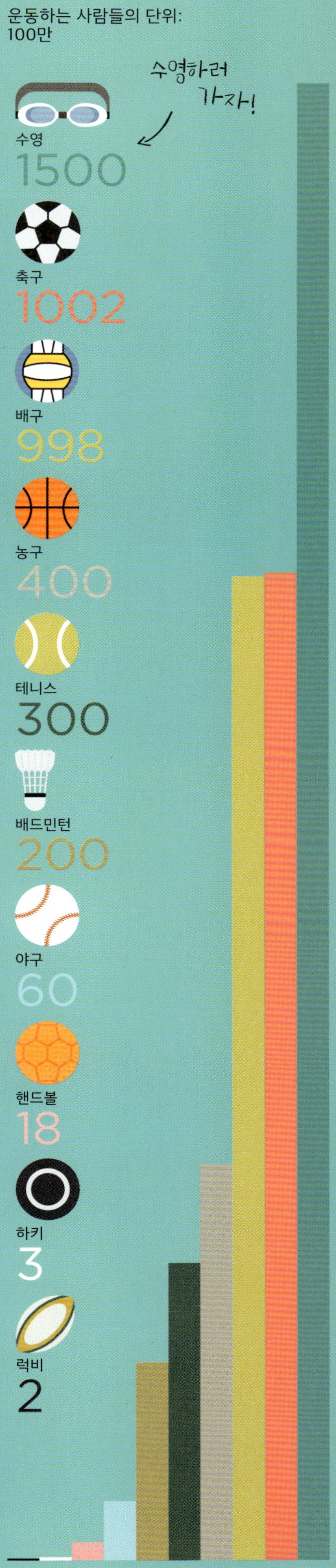

운동하는 사람들의 단위: 100만
수영하러 가자!
수영
1500
축구
1002
배구
998
농구
400
테니스
300
배드민턴
200
야구
60
핸드볼
18
하키
3
럭비
2

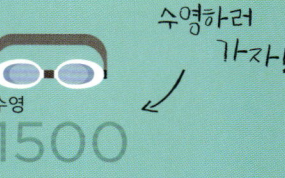

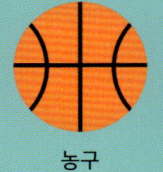

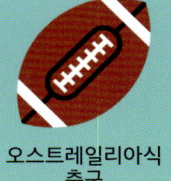

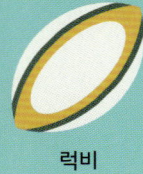

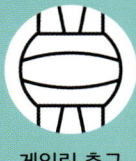

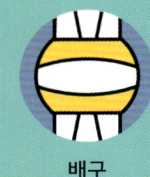

18. 세계의 놀이

각 나라 아이들의 놀이

1 디니프리
모로코

바닥에 정사각형을 그리고 네 귀퉁이에도 작은 정사각형을 그린다. 정사각형 가운데에는 돌을 다섯 개 쌓는다. 공격 팀이 돌을 네 귀퉁이로 옮겨 놓는 동안, 수비 팀은 막대기를 던져 방해한다.

2 카바디
방글라데시, 인도

일곱 명씩 두 팀으로 나누어 각자 진영에 선다. 공격 팀 한 명이 적진으로 들어가 수비 팀 한 명을 건드리고 돌아오면 1점을 얻는다. 그러다 수비 팀에게 잡히면 수비 팀이 1점을 얻는다. 공격수는 공격하는 내내 '카바디, 카바디, 카바디…….'라고 외쳐야 한다.

3 태그
영국

술래를 피해 달아나는 놀이다. 술래에게 잡힌 아이는 다음 술래가 된다. 술래가 모든 아이들을 다 잡을 때까지 기다리게 하는 곳도 있다.

7 텐텐
나이지리아

두 사람이 마주 보고 서서 손바닥을 마주치면서, 리듬에 맞춰 다리를 들어 올린다. 다리를 잘못 들어 올리면 상대가 점수를 얻는다.

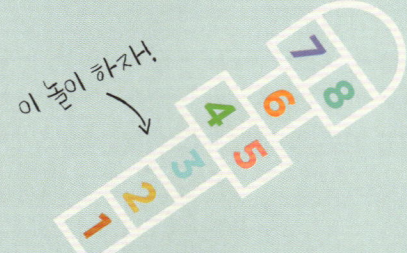

8 라유엘라
스페인

바닥에 네모 칸 여덟 개와 반원 하나를 그리고 네모 칸에 숫자를 써넣는다. 납작한 돌을 1번 칸에 던져 넣고 한 발 또는 두 발로 뛰어서 반원까지 간다. 다시 출발점으로 돌아오면서 1번에 던져 넣은 돌을 줍는다. 성공하면 2번 칸에 돌을 던져 넣고 다시 시작한다. 라유엘라는 '돌차기'라는 뜻이다.

9 라 비보라 데 라 메르
멕시코

두 사람이 마주 보고 서서 손을 잡고 아치를 만든다. 나머지 아이들은 한 줄로 서서 노래에 맞춰 아치 사이를 지난다. 노래가 끝날 때 아치 사이에 있는 아이는 놀이에서 빠진다. 길게 늘어선 아이들의 모습이 뱀 같다고 해서 놀이 이름도 '바다뱀'이다.

10 코레 코레 라 과라카
칠레

아이들이 둥그렇게 둘러앉으면, 술래가 손수건을 들고 주위를 돈다. 아이들은 뒤를 돌아보지 않고, '코레 코레 라 과라카(달려라, 달려, 팽이 줄).' 하고 노래를 부른다. 술래는 아이들이 눈치채지 못하게 한 아이 뒤에 손수건을 내려놓는다. 이 아이가 끝까지 알아차리지 못하면 놀이에서 빠져야 한다.

15 카슈 카슈
프랑스

아주 오래전부터 이어져 오는 인기 있는 놀이다. 술래가 눈을 감고 100을 세는 동안 나머지 아이들은 숨는다. 술래가 눈을 떠서 처음 찾는 아이가 다음 술래가 된다. 마지막까지 숨는 아이가 이기는 놀이다.

16 필로로
가나

먼저 진행자 한 명을 뽑는다. 진행자는 나머지 아이들이 눈을 감고 있는 동안 나뭇가지나 돌멩이를 숨겨 놓는다. 진행자가 '필로로'라고 외치면 나머지 아이들이 찾기 시작한다. 가장 먼저, 가장 많이 찾는 사람이 높은 점수를 받는다.

17 꼬리따기
한국

여러 아이들이 두 패로 나뉘어 앞사람의 허리를 잡고 길게 늘어선다. 맨 앞에 선 아이는 상대 팀의 맨 끝에 선 아이를 잡으러 다닌다. 먼저 꼬리가 잡히거나 줄이 끊기는 팀이 진다. 술래 하나가 꼬리를 잡으러 다니거나 머리가 꼬리를 잡으러 다니는 방식도 있다.

나는 주말이면 친구들과 공원에서 어울려 놀곤 해. 우리 부모님들이 했던 놀이도 하고, 우리가 새로 만든 놀이도 하지.
전 세계에는 비슷한 놀이가 많아. 부르는 이름이 다르고 노는 방식이 조금 다를 뿐이지.

4 도지볼
미국

두 팀이 각자 진영에 서서 공으로 상대 팀을 맞히는 방식이다. 이때 상대 팀이 던진 공을 바로 받으면 공격권을 가져오게 되고, 공이 몸에 맞고 바닥으로 떨어지면 아웃된다. 참여하는 인원 수에 제한을 두지 않으며, 지역에 따라 다양한 규칙이 있다.

5 코코
인도

아홉 명씩 한 팀이 되어 경기한다. 직사각형 경기장 중앙을 길게 가로지르는 선 양쪽 끝에 나무 기둥을 세우고, 기둥과 기둥 사이에 수비수 여덟 명이 차례로 다른 방향을 보고 앉는다. 공격수는 수비수 여덟 명의 등을 차례로 치면서 기둥 끝에서 끝으로 이동한다. 수비수는 공격수를 쫓아가 잡아야 하는데, 쫓는 방향을 바꿀 수는 없다. 공격수가 반대로 달아나면 '코코'라고 소리치며 공격수를 바라보고 앉은 수비수의 등을 쳐서 교대해야 한다.

6 쉐도우
아일랜드

술래가 다른 사람의 그림자를 밟아서 잡는 놀이다. 그림자를 밟힌 사람은 다음번 술래가 된다. 술래에게 잡히지 않으려면 그림자가 생기지 않는 그늘로 달아나야 한다.

11 아갈마타
그리스

술래가 눈을 가리고 숫자를 세는 동안 나머지 아이들은 주위를 뛰어다닌다. 술래가 눈을 뜨고 '아갈마타(조각상)' 하고 외치면 모두 멈춰 서서 조각상 흉내를 낸다. 술래는 조각상을 건드려 웃게 하거나 움직이게 한다. 마지막까지 남은 아이가 다음 술래가 된다.

12 테츠나기 오니
일본

'손잡는 귀신'이라는 뜻이다. 술래 한 명이 귀신이 되어 나머지를 쫓는다. 술래는 잡힌 아이의 손을 잡고 다시 나머지를 쫓는다. 모든 아이들이 다 잡혀서 한 줄이 되면 놀이가 끝이 난다.

13 아이스 큐브
오스트레일리아

서너 명씩 여러 팀으로 나눈다. 얼음 조각 하나를 서로 번갈아 가며 손으로 녹인다. 가장 먼저 얼음 조각을 녹여 없애는 팀이 이긴다.

14 포드호디
폴란드

밖에서, 특히 숲에서 하기 좋은 놀이다. 한 팀이 나뭇가지, 돌멩이, 종잇조각 따위로 흔적을 남기며 달아나면, 나머지 한 팀은 흔적을 따라서 잡으러 간다.

18 피오브라
이탈리아

한 아이가 피오브라(문어)가 되어 꼼짝하지 않고 있는 동안 나머지 아이들은 스무 걸음 뒤로 물러난다. 시작 신호와 함께 아이들이 다가오면 문어는 좌우로 움직이며 아이들을 잡는다. 문어에게 잡힌 아이는 아기 문어가 되는데, 아기 문어는 제자리에 선 채 팔만 움직일 수 있다. 모두 다 잡히면 맨 처음 잡힌 아이가 새로운 문어가 된다.

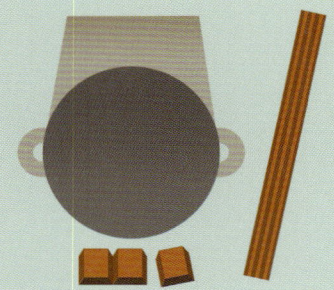

19 토프슐라겐
독일

초콜릿이 든 냄비를 방 안에 숨긴 뒤 아이의 눈을 가리고 나무 숟가락을 쥐어 준다. 그러면 아이는 방 안을 기어 다니며 나무 숟가락을 휘두르다 냄비를 찾는다. 토프슐라겐은 '냄비 두드리기'라는 뜻이다.

20 콜레치코
러시아

아이들이 두 손을 기도하듯 모으고 줄지어 앉아 있으면, 술래가 손바닥 사이에 반지를 넣고 다가간다. 술래는 아이들 앞을 차례로 지나며 아무도 모르게 아이의 손바닥 사이에 반지를 떨어뜨린다. 술래가 '콜레치코 콜레치코 비디나 크릴레치코(반지, 반지, 현관으로 나가.)'라고 외치면 반지를 받은 아이는 달아나고 나머지는 쫓는다. 잡히면 술래가 된다.

19. 여름 방학

드디어 여름 방학이 되었어! 스페인의 여름 방학은 11주나 돼. 엄청 길지? 한 학년의 마지막 방학이라서 그래. 스페인은 9월에 새 학년이 시작되거든. 우리 가족은 엄마 아빠가 8월에 휴가를 받으면 먼 곳으로 여행을 가곤 해. 할머니 할아버지가 그러시는데 엄마 아빠가 어렸을 때는 지금처럼 여행을 많이 가지 않았대.

① 프랑스, 독일, 스페인, 브라질의 직장인들은 가장 긴 유급 휴가(30일)를 받고, 타이의 직장인들은 가장 짧은 유급 휴가(10일)를 받는다.

② 1950년에는 해외 여행자 수가 2500만 명에 지나지 않았다.

③ 세계에서 가장 많은 관광 수익을 올리는 나라는 미국이다.

① 여름 방학 기간
(단위: 주)

이탈리아	그리스	포르투갈	핀란드	스페인	폴란드	독일	스웨덴	프랑스	아일랜드	체코	한국	호주	중국	영국
13	12	12	11	11	10	10	9	9	9	8	6	6	6	6

나의 방학 ↙

20. 인기 도시

① 세계에서 가장 많은 관광 수익을 올리는 도시는 뉴욕이다.
② 루브르 박물관은 하루 평균 3만 명이 넘는 사람들이 다녀간다.

① 방문객이 가장 많은 도시
(단위: 100만 명)

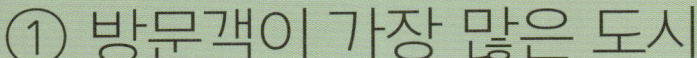 유럽 아프리카 아시아 오세아니아 북아메리카 중남아메리카

순위	도시	국가	방문객
1	홍콩	중국	29.2
2	방콕	타이	24.1
3	런던	영국	19.2
4	마카오	중국	18.9
5	싱가포르	싱가포르	18.5
6	파리	프랑스	17.5
7	두바이	아랍에미리트	15.9
8	뉴욕	미국	13.6
9	쿠알라룸푸르	말레이시아	13.4
10	이스탄불	터키	13.4

여기에 우리가 가는 거야

우리 가족은 여름휴가를 어디로 갈지 이야기를 나눴어. 내 동생은 이집트 기자의 대피라미드를 보고 싶어 했어. 엄마랑 나는 프랑스 파리에 가고 싶었지. 아빠는 별생각이 없었어. 다행히 동생이 루브르 박물관에서 람세스 2세의 거대한 조각상을 보는 정도로 참기로 했어. 그런데 세계에서 사람들이 가장 많이 찾는 박물관이 루브르 박물관이라는 거 알고 있니?

② 방문객이 가장 많은 박물관

100만 명

1 루브르 박물관 — 프랑스 파리 — 10.2
2 중국 국가 박물관 — 중국 베이징 — 8.6
3 메트로폴리탄 미술관 — 미국 뉴욕 — 7.3
4 바티칸 미술관 — 바티칸 시국 — 6.7
5 스미스소니언 국립 항공 우주 박물관 — 미국 워싱턴 D.C. — 6.2
6 대영 박물관 — 영국 런던 — 5.86
7 테이트 모던 미술관 — 영국 런던 — 5.82
8 런던 내셔널 갤러리 — 영국 런던 — 5.7
9 런던 자연사 박물관 — 영국 런던 — 5.2
10 미국 자연사 박물관 — 미국 뉴욕 — 5
11 스미스소니언 국립 자연사 박물관 — 미국 워싱턴 D.C. — 4.8
12 워싱턴 국립 미술관 — 미국 워싱턴 D.C. — 4.4

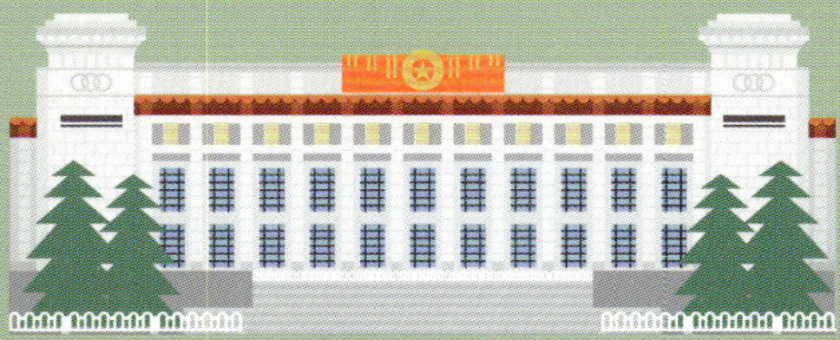

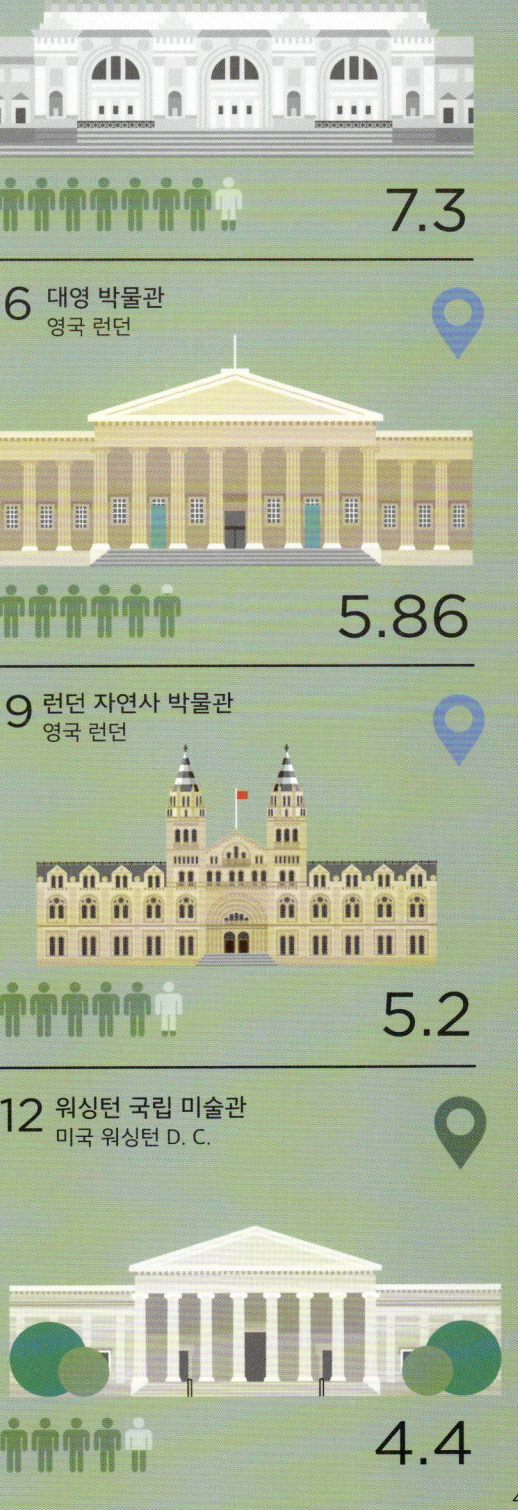

21. 여행 필수 표현

① 오늘날 전 세계의 언어는 6500가지에 이른다.

② 동작은 같아도 나라마다 뜻이 다른 몸짓 언어가 있다. 이를테면 가나의 '이리와.'라는 동작이 미국과 영국에서는 '저리가.'라는 뜻으로 쓰인다.

① 세계 여러 나라의 인사말

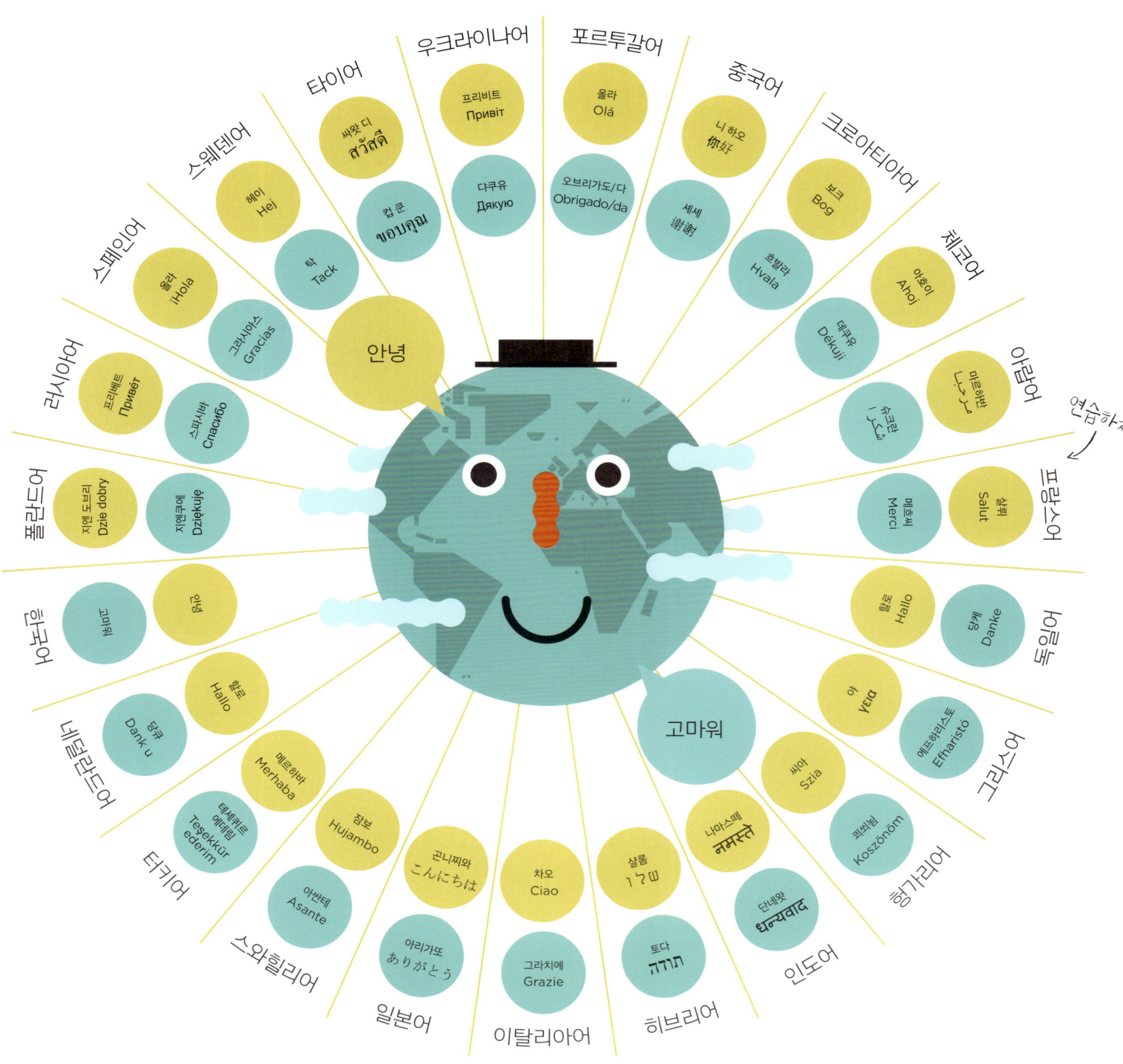

나는 파리를 여행할 때 필요한 프랑스어 몇 마디를 익혀 두기로 했어. 적어도 '안녕하세요. 고맙습니다. 이거 주세요.' 정도는 알아야 할 거 아니야. 참, 몸짓으로 생각이나 감정을 표현하는 법도 미리 알아 두면 좋을 것 같아.

② 세계 여러 나라의 몸짓 언어

프랑스

두 손가락을 코에 올리기: **이렇게 쉬워.**

집게손가락을 눈 밑에 갖다 대기: **믿을 수 없어.**

양손 손가락을 모아서 내밀기: **걱정돼.**

러시아

집게손가락으로 목을 만지기: **우리 뭐 마시자!**

머리 뒤로 손을 뻗어서 귀를 긁적이기: **복잡하네.**

엄지손가락을 목으로 가져가기: **이제 충분해!**

일본

집게손가락으로 코를 만지기: **나**

양손 집게손가락과 가운뎃손가락을 안쪽이 보이게 들기: **아주 좋아!**

양팔을 가슴 앞에서 교차하기: **안 돼!**

미국과 영국

엄지손가락과 집게손가락으로 원을 만들어 들어 보이기: **좋아!**

집게손가락과 가운뎃손가락을 엇갈리게 들어 보이기: **행운을 빌어!**

다른 사람과 주먹을 부딪치기: **안녕, 친구!**

중국

양손 새끼손가락 걸기: **약속하자.**

가슴에 손 얹기: **약속할게.**

집게손가락으로 뺨을 긁적이기: **부끄러워.**

멕시코

손등이 보이게 들기: **고마워!**

양손 손가락을 모아 흔들기: **많아.**

손바닥으로 반대편 팔꿈치를 두드리기: **구두쇠야.**

브라질

손등으로 턱을 만지기: **사실이 아니야!**

손을 들고 엄지손가락과 나머지 손가락을 붙였다 떼기: **꽉 찼어!**

양손 손바닥이 하늘을 보도록 하고 손끝을 부딪히기: **상관없어.**

스페인

손을 재빠르게 폈다 접었다 하기: **꽉 찼어!**

허리 옆에서 양팔을 들었다 내리기: **자, 자, 준비해!**

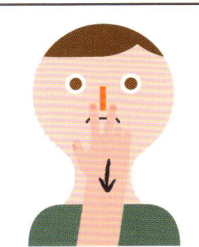
집게손가락과 가운뎃손가락을 눈에서 코끝으로 내리기: **나 돈이 없어.**

가나

손바닥 긁기: **돈 얘기 좀 하자.**

손바닥을 아래로 하고 까딱거리기: **이리 와.**

손을 배에 댔다 들기: **만족스러워.**

한국

엄지손가락과 집게손가락을 엇갈리게 들어 보이기: **사랑해.**

양팔을 가슴 앞에서 교차하기: **안 돼!**

엄지손가락 들기: **최고야!**

22. 세계의 기후

① '강수량'은 지표면에 떨어진 물의 총량으로 비, 눈, 우박을 모두 포함해 측정한다. 비의 양만을 측정한 것은 '강우량'이라고 한다.
② '일조량'은 지표면에 비치는 직사광선의 양을 말한다.

① 세계 여러 나라의 연간 강수량

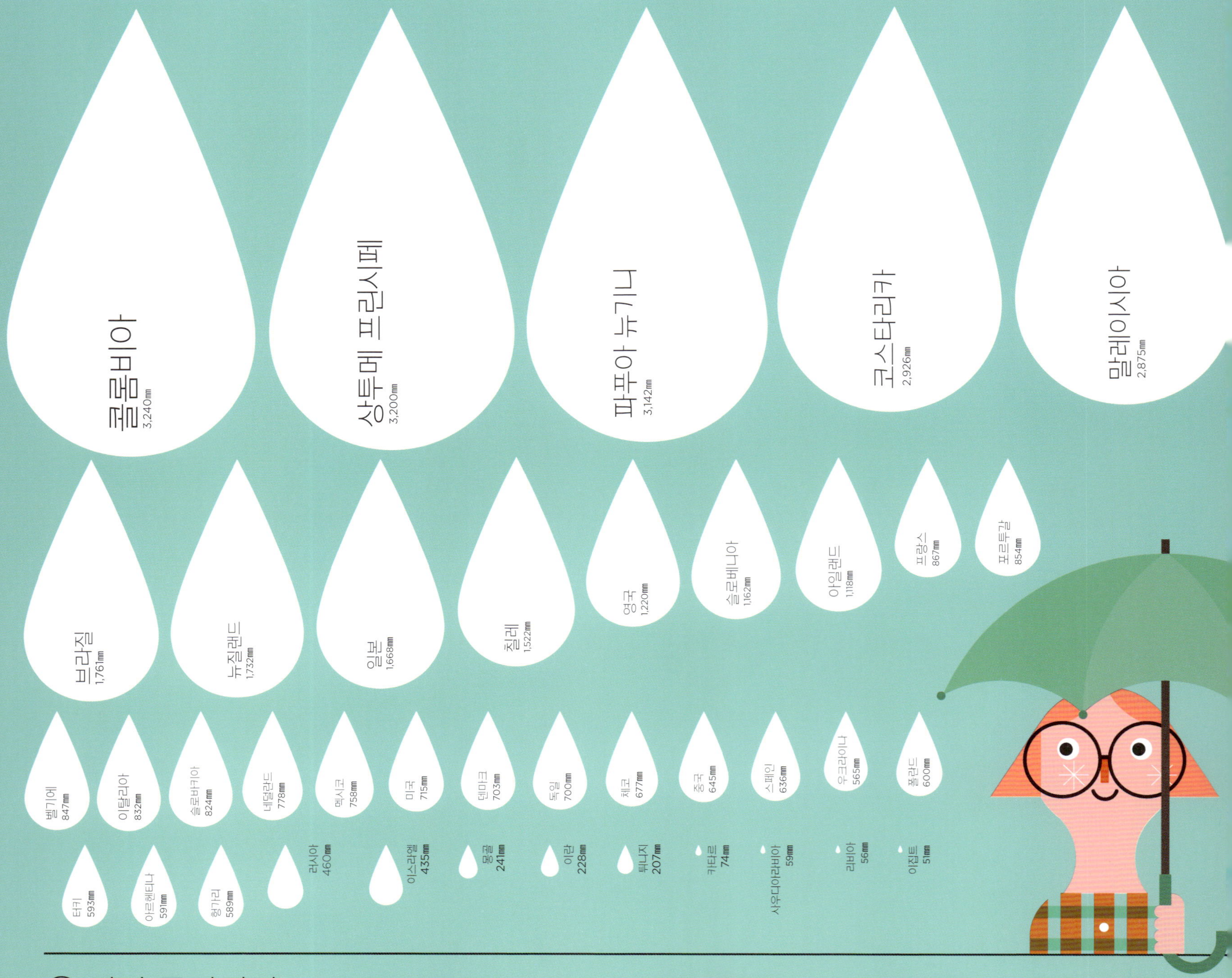

- 콜롬비아 3,240㎜
- 상투메 프린시페 3,200㎜
- 파푸아 뉴기니 3,142㎜
- 코스타리카 2,926㎜
- 말레이시아 2,875㎜
- 브라질 1,761㎜
- 뉴질랜드 1,732㎜
- 일본 1,668㎜
- 칠레 1,522㎜
- 영국 1,220㎜
- 슬로베니아 1,162㎜
- 아일랜드 1,118㎜
- 프랑스 867㎜
- 포르투갈 854㎜
- 벨기에 847㎜
- 이탈리아 832㎜
- 슬로바키아 824㎜
- 네덜란드 778㎜
- 멕시코 758㎜
- 미국 715㎜
- 덴마크 703㎜
- 독일 700㎜
- 체코 677㎜
- 중국 645㎜
- 스페인 636㎜
- 카자흐스탄 565㎜
- 폴란드 600㎜
- 터키 593㎜
- 아르헨티나 591㎜
- 헝가리 589㎜
- 러시아 460㎜
- 이스라엘 435㎜
- 몽골 241㎜
- 이란 228㎜
- 튀니지 207㎜
- 카타르 74㎜
- 아프라이드휴스 59㎜
- 리비아 56㎜
- 이집트 51㎜

③ 가장 극단적인 기후를 가진 도시들

 가장 추운 도시
야쿠츠크
러시아
겨울철인 1월의 평균 기온이 영하 38.6도이고, 기록된 최저 기온은 영하 64.4도이다.

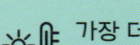 가장 더운 도시
쿠웨이트
쿠웨이트
연평균 기온은 25도이고, 여름철인 4-10월 최고 기온은 60도에 이르기도 한다.

아빠가 그러시는데 파리의 여름은 날씨가 변덕스럽지 않아서 여행하기 좋대. 지난여름 방콕에 갔을 때는 비가 자주 와서 조금 아쉬웠거든. 하지만 나라마다 도시마다 다른 날씨를 경험하는 것도 나쁘지는 않아. 해가 많이 나는 곳, 비나 눈이 많이 오는 곳, 바람이 많이 부는 곳, 무척 추운 곳, 무척 더운 곳……. 너는 어떤 나라 어떤 도시에 가 보고 싶니?

② 세계 여러 나라의 연간 일조량

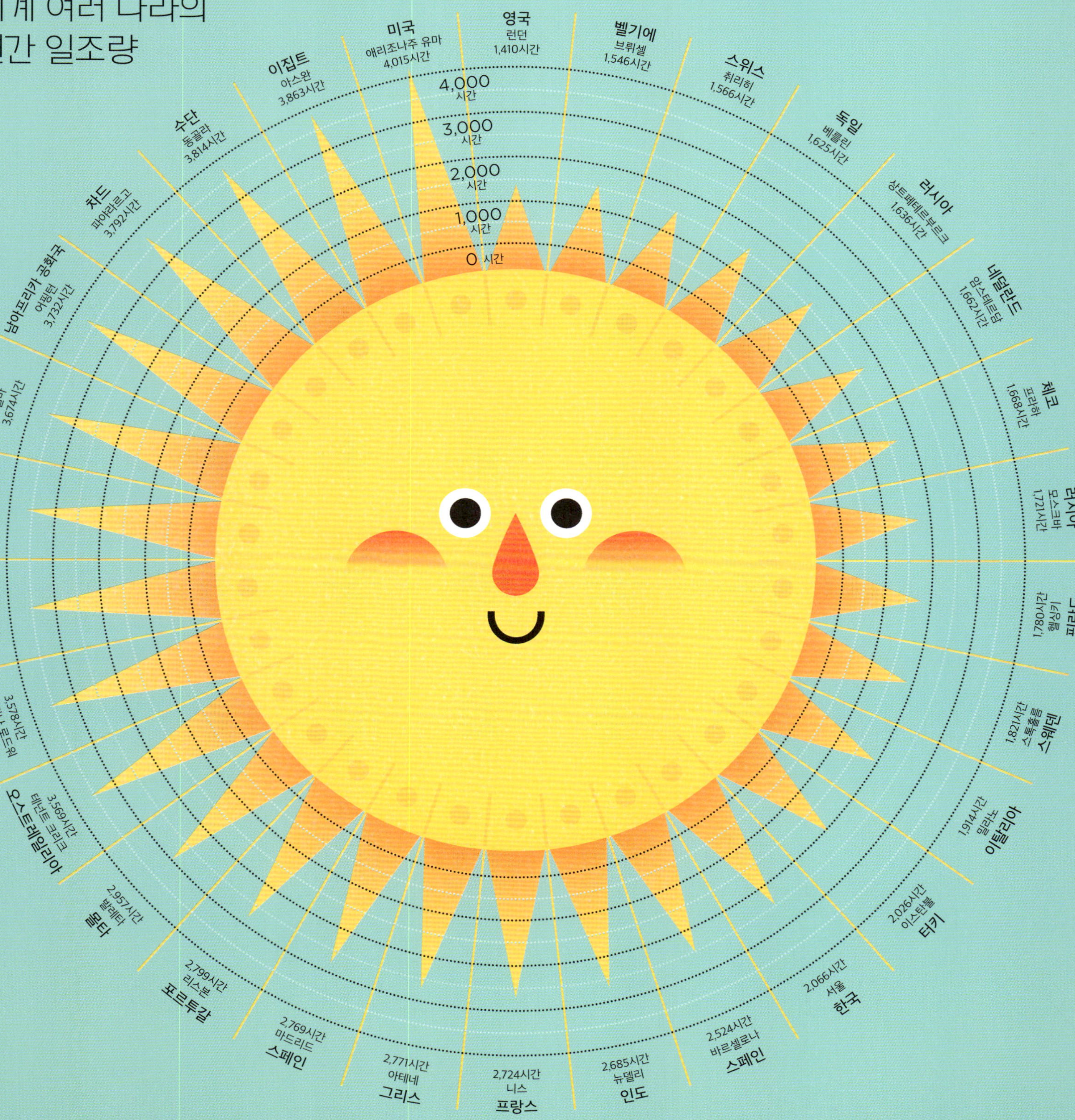

4,000 시간
3,000 시간
2,000 시간
1,000 시간
0 시간
영국 런던 1,410시간
벨기에 브뤼셀 1,546시간
스위스 취리히 1,566시간
독일 베를린 1,625시간
러시아 상트페테르부르크 1,636시간
네덜란드 암스테르담 1,662시간
체코 프라하 1,668시간
러시아 모스크바 1,721시간
핀란드 헬싱키 1,780시간
스웨덴 스톡홀름 1,821시간
이탈리아 밀라노 1,914시간
터키 이스탄불 2,026시간
한국 서울 2,066시간
스페인 바르셀로나 2,524시간
인도 뉴델리 2,685시간
프랑스 니스 2,724시간
그리스 아테네 2,771시간
스페인 마드리드 2,769시간
포르투갈 리스본 2,799시간
몰타 발레타 2,957시간
오스트레일리아 테넌트 크리크 3,569시간
케냐 투르카나 로드워 3,578시간
마다가스카르 툴레아 3,597시간
아랍 에미리트 아부다비 3,609시간
니제르 빌마 3,674시간
남아프리카 공화국 어핑턴 3,732시간
차드 파야라르조 3,792시간
수단 동골라 3,814시간
이집트 아스완 3,863시간
미국 애리조나주 유마 4,015시간

가장 건조한 도시
아리카
칠레

칠레 아타카마 사막 북쪽에 있는 항구 도시로, 연간 강수량이 1㎜도 되지 않는다.

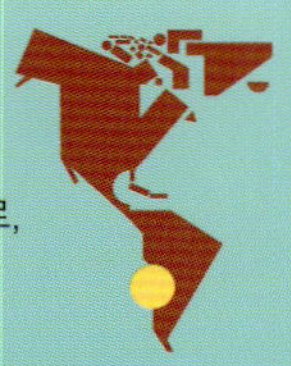

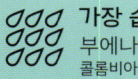

가장 습한 도시
부에나벤투라
콜롬비아

연간 6,275.6㎜ 이상의 비가 내린다.

바람이 가장 많이 부는 도시
웰링턴
뉴질랜드

풍속이 74㎞ 이상인 날이 연평균 22일이고, 풍속이 59㎞ 이상인 날은 173일이다.

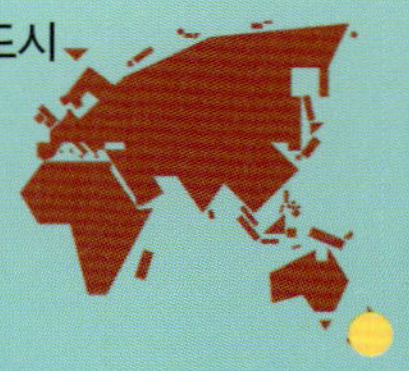

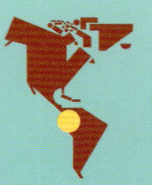

23. 놀이공원

① 세계에서 가장 큰 놀이공원은 미국 디즈니월드의 매직 킹덤이다.
② 세계에서 가장 큰 실내 워터파크는 독일 크라우스니크의 트로피컬 아이슬랜드이다.

① 가장 인기 있는 놀이공원

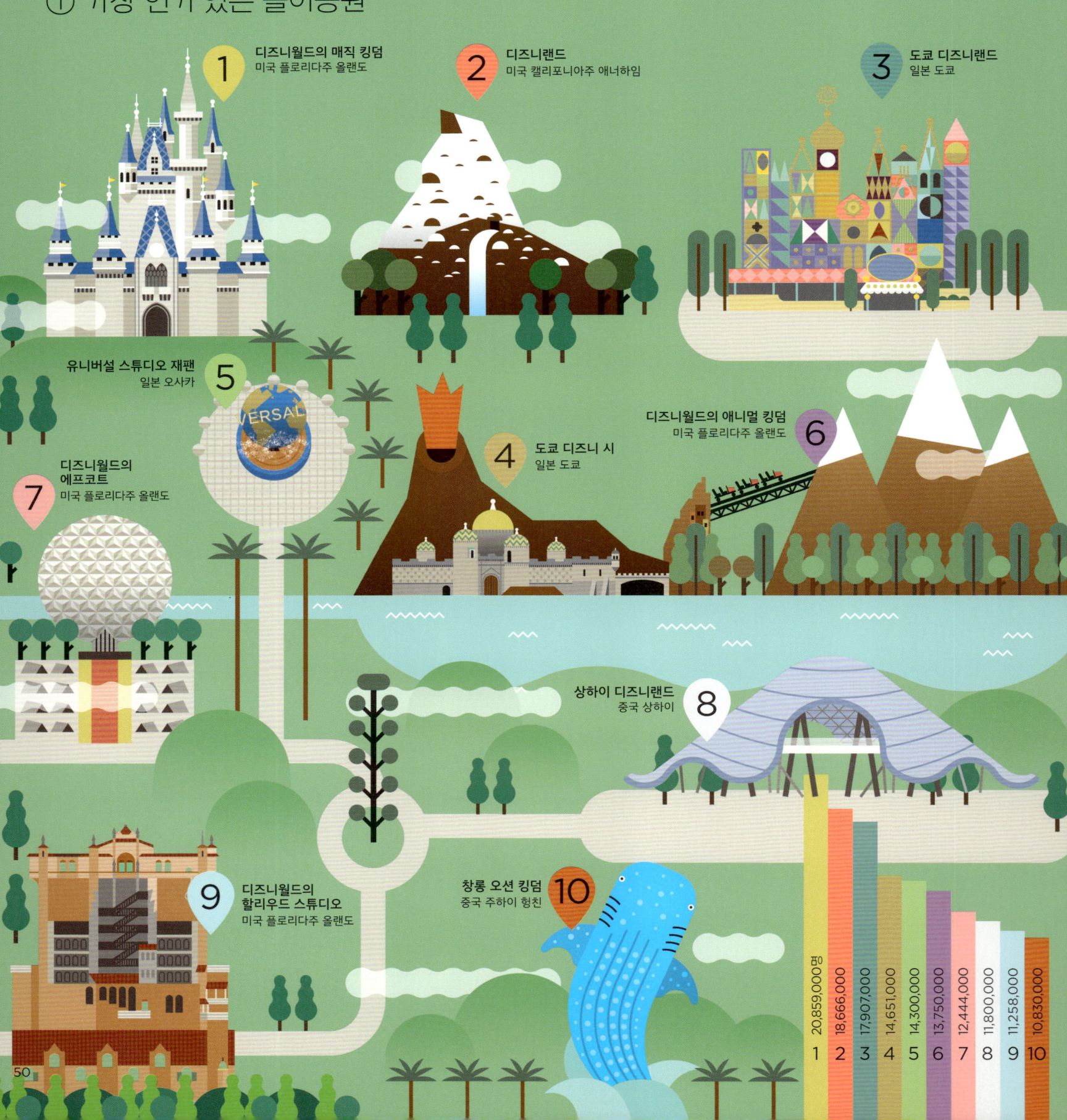

1 디즈니월드의 매직 킹덤 - 미국 플로리다주 올랜도
2 디즈니랜드 - 미국 캘리포니아주 애너하임
3 도쿄 디즈니랜드 - 일본 도쿄
4 도쿄 디즈니 시 - 일본 도쿄
5 유니버설 스튜디오 재팬 - 일본 오사카
6 디즈니월드의 애니멀 킹덤 - 미국 플로리다주 올랜도
7 디즈니월드의 에프코트 - 미국 플로리다주 올랜도
8 상하이 디즈니랜드 - 중국 상하이
9 디즈니월드의 할리우드 스튜디오 - 미국 플로리다주 올랜도
10 창롱 오션 킹덤 - 중국 주하이 헝친

	1	2	3	4	5	6	7	8	9	10
명	20,859,000	18,666,000	17,907,000	14,651,000	14,300,000	13,750,000	12,444,000	11,800,000	11,258,000	10,830,000

하루는 내 동생이 놀이공원에 가면 좋겠다고 했어. 나도 놀이공원이 정말 좋아. 특히 워터파크!
세상에는 수많은 놀이공원이 있고, 커다란 수영장과 물 미끄럼틀이 있는 워터파크가 있어. 언젠가 다 가 보면 좋겠어.

② 가장 인기 있는 워터파크

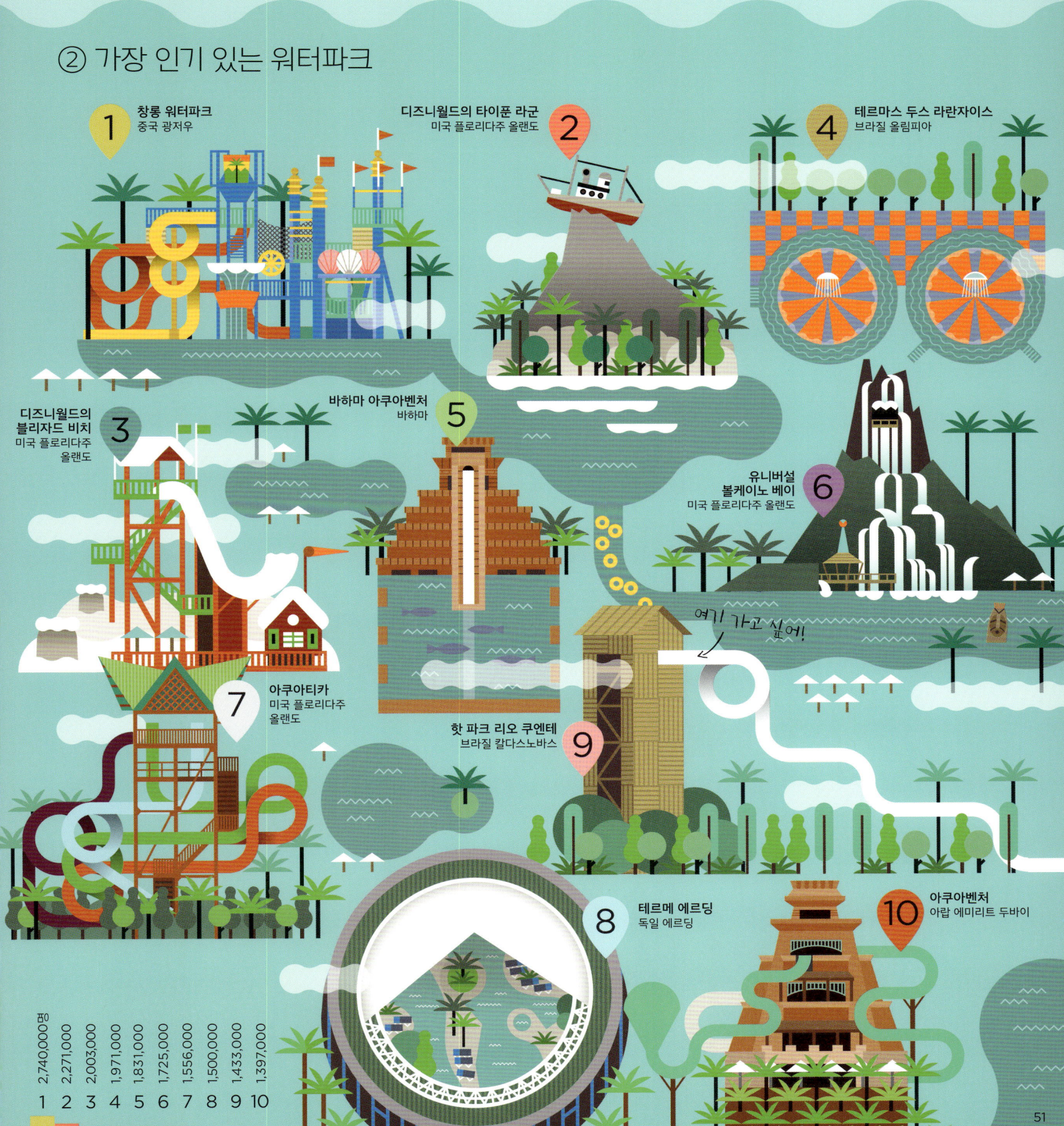

24. 식재료와 향신료

① 많은 양을 넣지 않아도 음식에 독특하고 특별한 향을 더하는 재료들이다.

② 각 나라 요리에서 가장 기본이 되는 재료이자 가장 흔히 쓰이는 재료들이다.

① 특별한 식재료

*케이준은 미국으로 강제 이주한 프랑스계 캐나다인을, 크레올은 프랑스계 미국인과 아프리카계 미국인 사이에서 태어난 사람들을 가리킨다.

이름	지역	%
캐러웨이	아프리카	8%
사과	미국	5%
참기름	아시아	30%
오크라	케이준/크레올*	8%
아보카도	중남아메리카	13%
땅콩기름	중국	16%
달걀 국수	동유럽/러시아	7%
커런트	잉글랜드/스코틀랜드	10%
타라곤	프랑스	5%
사우어크라우트	독일	15%
페타 치즈	그리스	31%
겨자유	인도	5%
페코리노 로마노 치즈	이탈리아	5%
가쓰오부시	일본	9%
살구	유대인*	7%
페타 치즈	지중해	10%
아보카도	멕시코	15%
볶은 참깨	중동	9%
캐러웨이	모로코	10%
청어	스칸디나비아	8%
콘 그리츠*	미국 남부의 소울 푸드	9%
검은 강낭콩	미국 남서부	8%
사프란	스페인/포르투갈	11%
생강	타이	11%
쥐똥고추	베트남	14%

*히브리어를 사용하고 유대교를 믿는 민족을 가리킨다. 세계 각지에 흩어져 살고 있다.

아빠가 만든 파에야 냄새가 나

*옥수수 알갱이를 말려서 거칠게 빻은 것 또는 이것을 삶아 버터와 우유를 섞은 음식.

우리는 오늘 여행을 마치고 집으로 돌아왔어. 정말 멋진 시간이었지. 하지만 집에 돌아오니 또 좋아. 다른 나라를 여행할 때면 그리운 것들이 많거든. 이를테면 고향 음식이나 냄새 같은 거 말이야. 특히 할머니가 끓여 주시는 스튜가 그리웠어.
모든 나라와 문화에는 고유한 특징이 있어. 음식에도 그 나라와 문화만의 독특하고도 특별한 맛과 향이 있단다.

② 흔히 쓰는 식재료

25. 생일

9월 7일은 내 생일이야. 엄마는 내가 좋아하는 음식을 만들어 주셨지. 나는 친구들을 불러 생일 파티를 했어. 개학하기 바로 전이라 모두 집에 돌아와 있었거든. 우리는 놀이를 준비하고, 생일 케이크의 촛불을 함께 불었어. 오늘부터 나는 11살이야! 전 세계에서 아이가 가장 많이 태어나는 달이 9월인 거 아니?

① 가장 많은 아이들이 태어나는 달

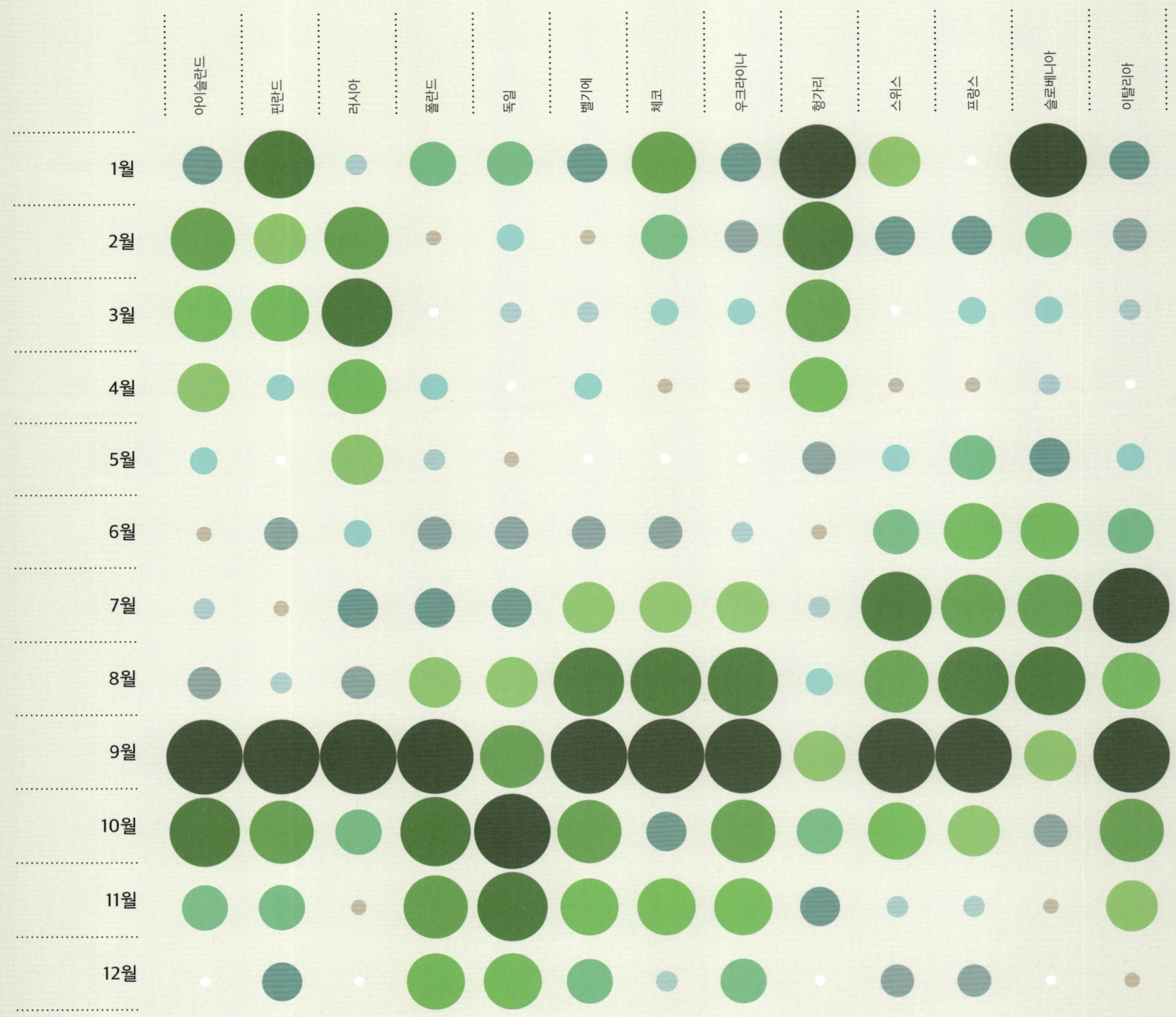

① 월별 평균 출생자 수. 초록색이 진할수록, 원의 크기가 클수록 많은 수를 나타낸다.
② 1년 동안 일어나는 다양한 일들

② 작년 생일 이후에 일어난 일들

시간이
31,536,000초
흘렀다.

심장이
37,000,000번
뛰었다.

지구가 태양 둘레를
9억 4000만 km
돌았다.

머리카락은
12cm
손톱은
4cm 자랐다.

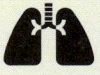
8,500,000번
숨을 쉬었다.

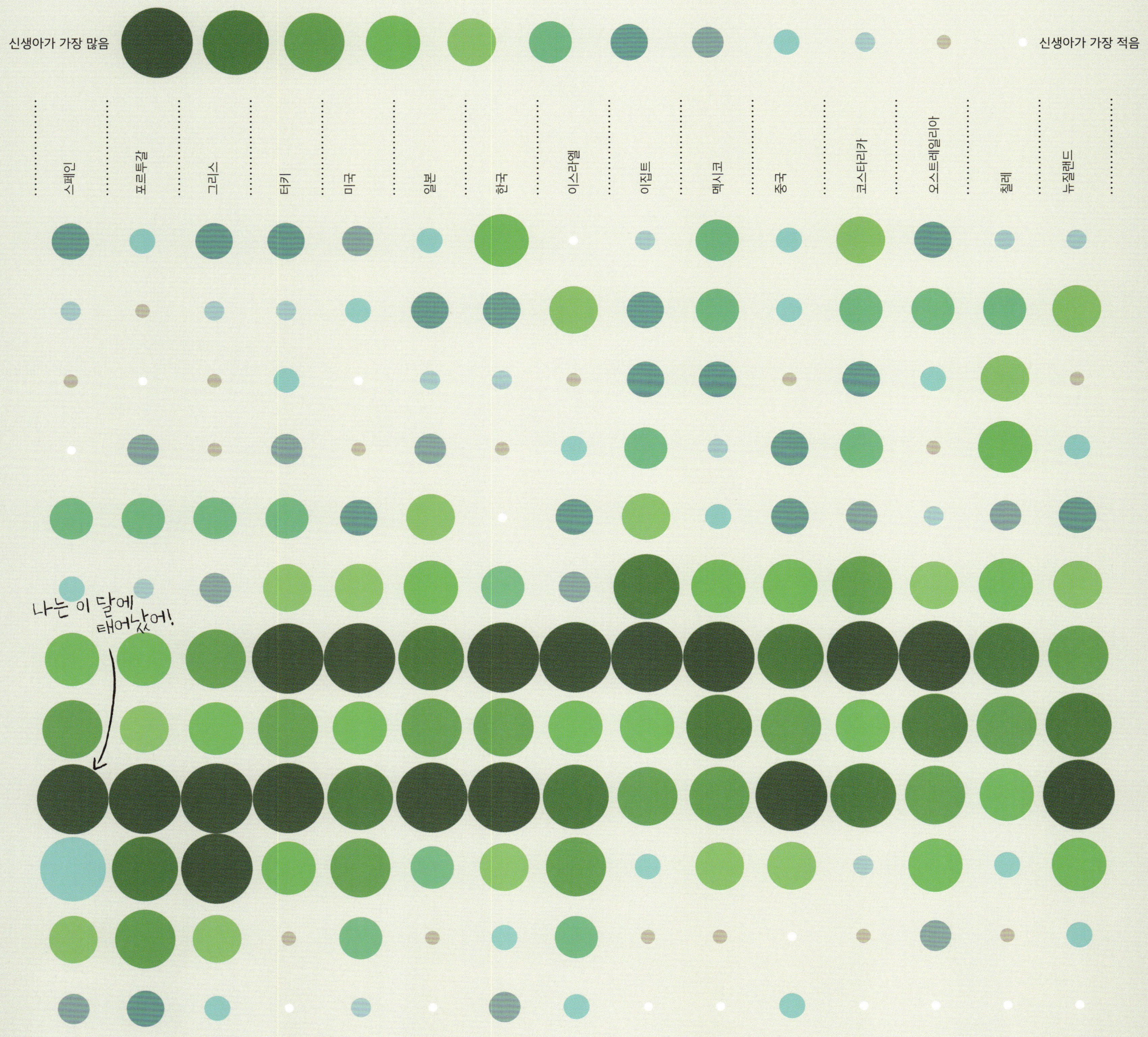

신생아가 가장 많음 — 신생아가 가장 적음

스페인 · 포르투갈 · 그리스 · 터키 · 미국 · 일본 · 한국 · 이스라엘 · 이집트 · 멕시코 · 중국 · 코스타리카 · 오스트레일리아 · 칠레 · 뉴질랜드

나는 이 달에 태어났어!

27. 세계의 종교

① 세계 종교 지도

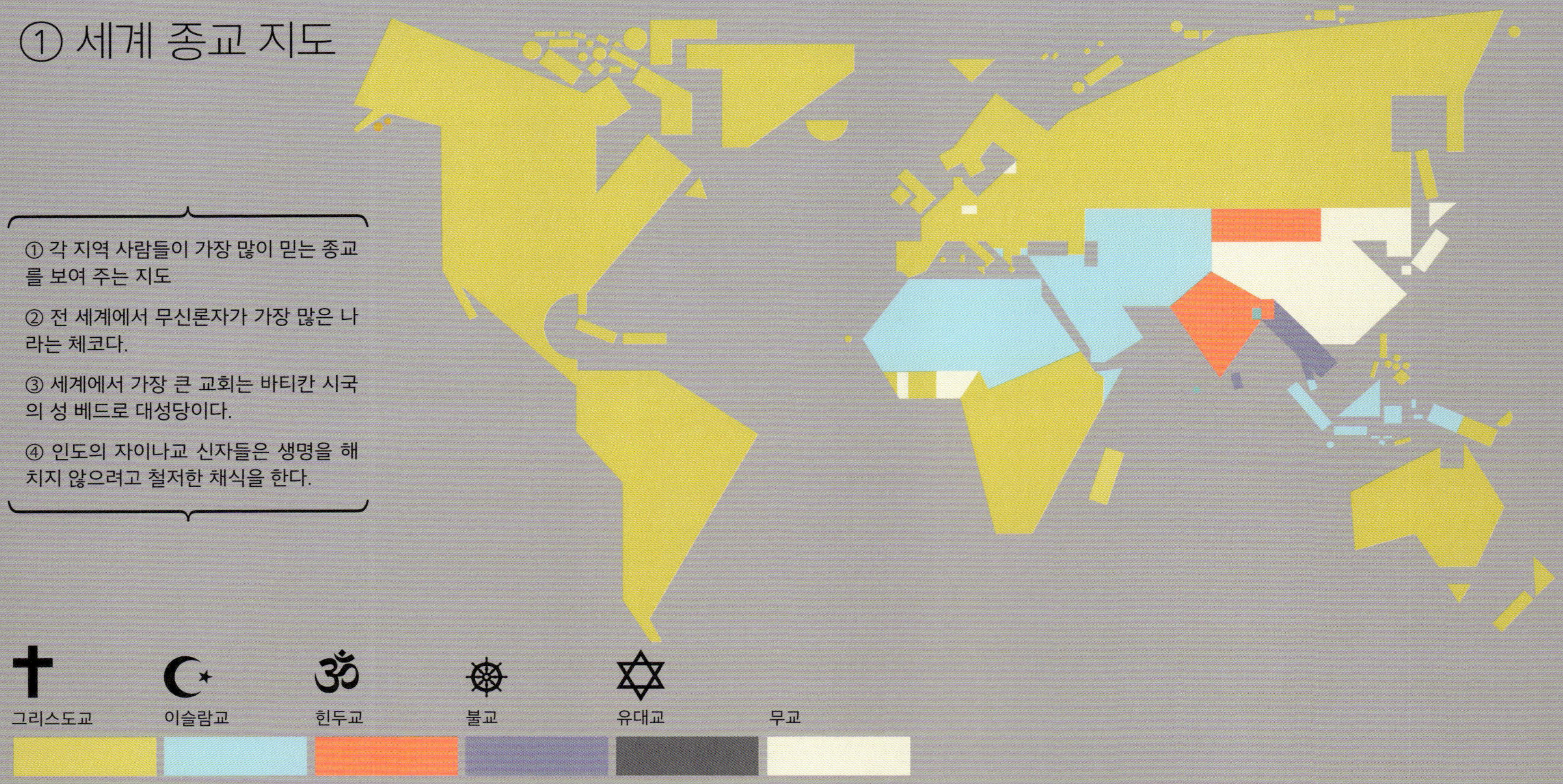

① 각 지역 사람들이 가장 많이 믿는 종교를 보여 주는 지도
② 전 세계에서 무신론자가 가장 많은 나라는 체코다.
③ 세계에서 가장 큰 교회는 바티칸 시국의 성 베드로 대성당이다.
④ 인도의 자이나교 신자들은 생명을 해치지 않으려고 철저한 채식을 한다.

† 그리스도교
☪ 이슬람교
ॐ 힌두교
☸ 불교
✡ 유대교
무교

② 세계인의 종교

각 종교를 믿는 사람들의 비율 (%)

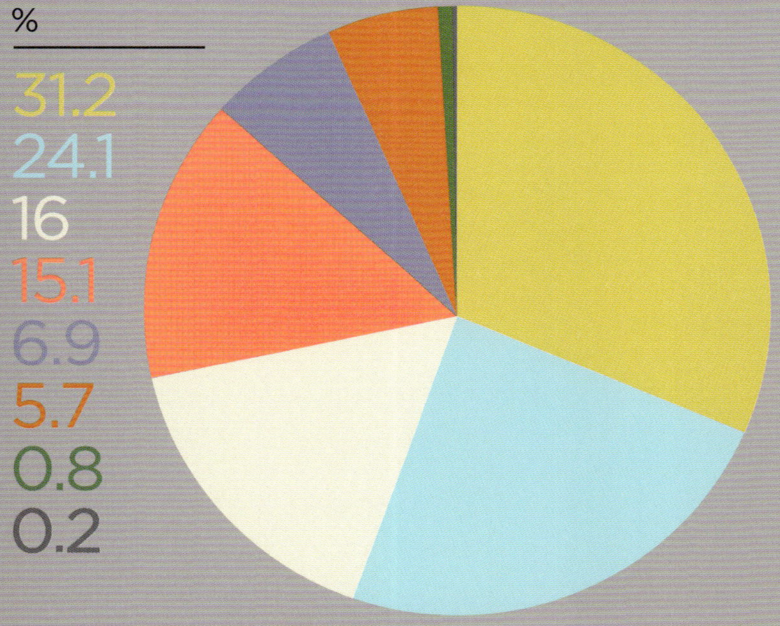

- 31.2
- 24.1
- 16
- 15.1
- 6.9
- 5.7
- 0.8
- 0.2

각 종교를 믿는 사람들의 수 (10억 명)

- 2.3
- 1.8
- 1.2
- 1.1
- 0.5
- 0.4
- 0.1
- 0.01

그리스도교 | 이슬람교 | 무교 | 힌두교 | 불교 | 토착 신앙 | 다른 종교 | 유대교

이 세상에는 수많은 종교가 있어. 사람들이 섬기는 신도 무척 다양하지. 우리 집은 그다지 종교적인 분위기는 아니야. 하지만 우리나라에는 종교와 관련된 풍습이나 축제가 많아. 이 세상에는 아름다운 교회와 사원이 무척 많다고 들었어. 언젠가 꼭 가 보고 싶어.

③ 예배 장소

신사
일본의 전통 종교인 신도의 사원이다. 신사 앞에는 '도리이'라는 문이 있어 신의 세계와 인간의 세계를 구분한다.

만디르
힌두교 신자들이 신에게 기도를 드리는 곳이다. 벽에는 그곳에서 섬기는 신들의 조각상이 가득 새겨져 있다.

시너고그
유대인들이 예배와 공부를 위해 모이는 곳이다. 하지만 예배는 유대인들이 모이는 곳이면 어디든지 드릴 수 있다고 한다.

성당
그리스도교의 한 갈래인 천주교 신자들이 모여 미사를 드리는 곳이다. 천주교 신자가 되는 의식인 세례, 죄를 고백하는 고해 성사, 결혼식, 장례식들이 이곳에서 이루어진다.

성당
그리스도교의 한 갈래인 그리스 정교회의 예배 장소이다. 그리스를 중심으로 발전해 온 만큼 돔 형태의 지붕이 있는 곳이 많다.

교회
그리스도교의 한 갈래인 개신교 신자들이 예배를 드리는 곳이다. 넓게는 하느님과 예수님을 믿는 사람들의 공동체를 의미하기도 한다.

모스크
이슬람 교도들이 알라신에게 하루에 다섯 번 기도를 드리는 곳이다. 모스크에서 멀리 떨어져 있을 때는 성지인 메카를 향해 기도한다.

절
불교 신자들이 예불을 드리는 곳이다. 나라마다 다양한 모습의 절이 있지만, 불교 세계를 건물에 담으려 한 점은 모두 같다.

④ 종교에서 금지하는 음식들

소고기 / 돼지고기 / 닭고기 / 생선·해물·유제품 / 술

● 금지된 음식　● 허락된 음식　○ 조건부 허락

바하이교

불교

채식을 주로 하고 고기는 피한다.

개신교

그리스 정교회

힌두교

이슬람교

할랄*　할랄*

유대교

코셔*　코셔*　해산물 금지　고기와 함께 먹으면 안 됨

모르몬교

천주교

시크교

일부 종파는 할랄*과 코셔*

* 할랄은 이슬람법에 따라 먹을 수 있는 음식과 동물을 도살하는 방식을 말한다.
* 코셔는 유대교 음식 법을 충족하는 음식과 음료를 설명하는 말이다. 또한 동물을 도살하는 방법도 포함된다.

28. 세계에 100명만 산다면

이 세상 사람들이 모두 100명이라고 상상하면 세계를 더 쉽게 이해할 수 있어.

성별

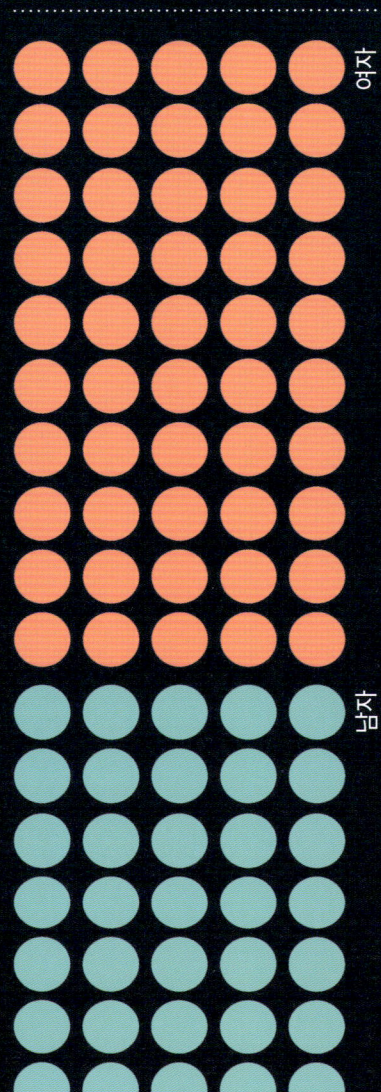

여자 / 남자

나이

1-14세 / 15-24세 / 25-64세 / 65세 이상

지리

아시아 / 아프리카 / 유럽 / 중남아메리카 / 북아메리카

전 세계 인구가 100명이라고 상상하고 작성한 통계 자료. 동그라미 한 개가 한 사람에 해당한다.

50 50   **25 16 50 9**   **61 17 10 8 4**

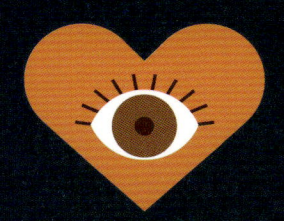
종교

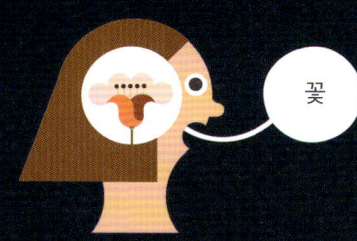
모국어

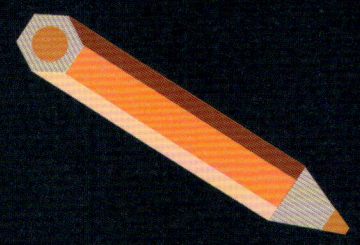
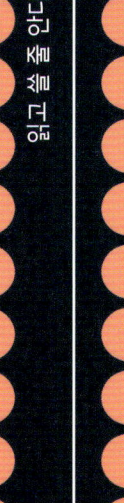
문맹률

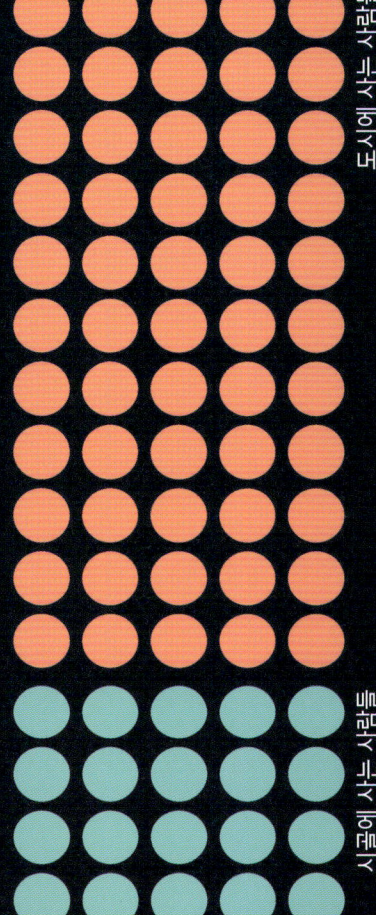
도시와 시골

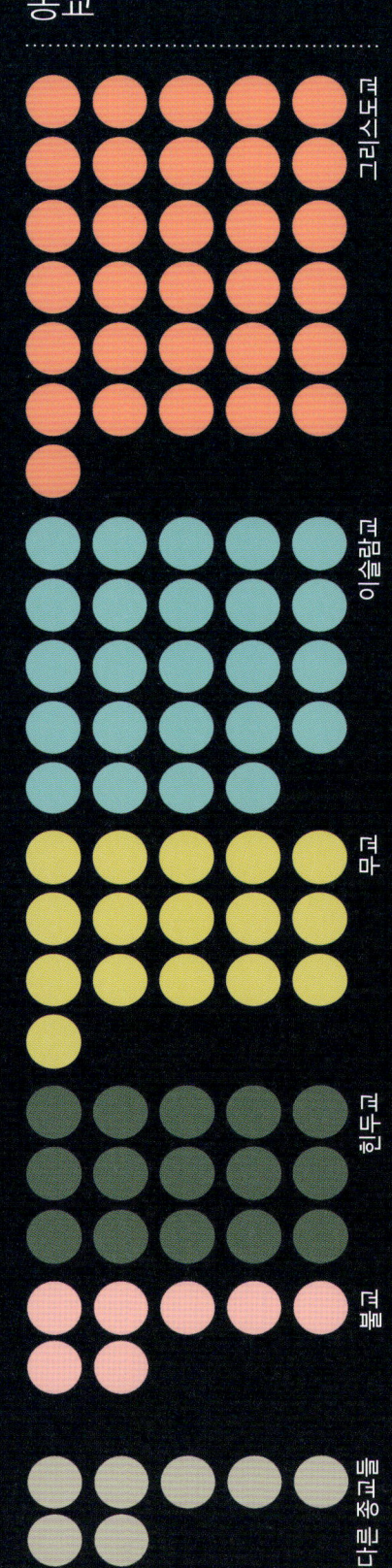

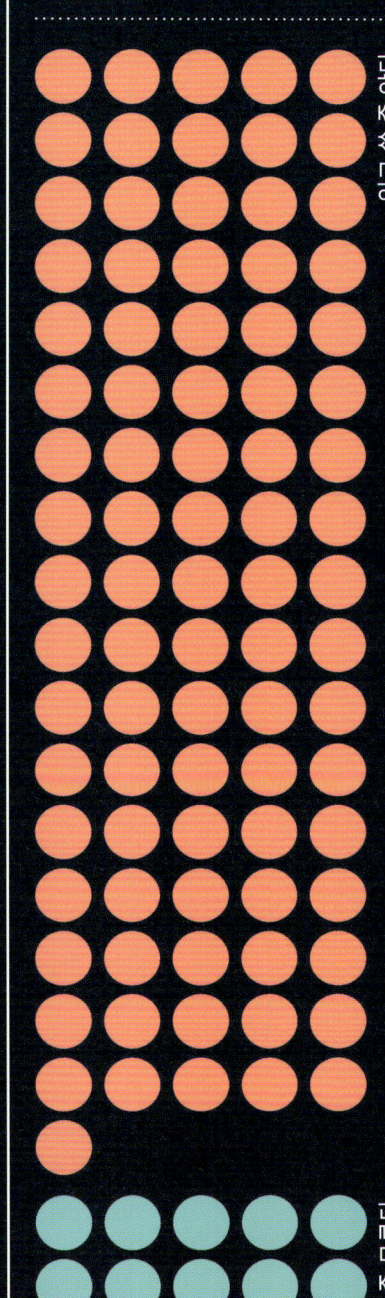

종교: 기독교 31, 이슬람교 24, 힌두교 16, 불교 15, 무교 7, 다른 종교들 7

모국어: 중국어 12, 스페인어 6, 영어 5, 힌디어 5, 아랍어 4, 벵골어 3, 포르투갈어 3, 러시아어 2, 일본어 2, 란다어 1, 다른 언어들 57

문맹률: 읽고 쓸 줄 안다 86, 읽고 쓸 줄 모른다 14

도시와 시골: 도시에 사는 사람들 55, 시골에 사는 사람들 45

출처

1. 가장 흔한 이름
《List of most popular given names. (Newborn children - Country census 2010-2017)》, Wikipedia
미국 자료: Top names of the period 2010-2018, 미국 사회 보장국
한국 자료: baby-name.kr/annalRanking/2020:아기 이름 검색 분석-연도별 이름 순위

2. 가족의 형태
① 가구당 자녀 수
《Countries by total Fertility Rate》, 2018, CIA World Factbook
② 여성 1명당 평균 자녀 수
《The decline of the number of children per woman since 1950》, World Population Prospects, 2019, UN 경제 사회처
③ 다양한 가족 형태
《Most Common Family Types in America》, Nathan Yau, 2016, Flowingdata

3. 반려동물
가장 인기 있는 반려견 10
《Most popular breeds worldwide》, DogWellnet.com, IPFD(International Partnership for Dogs)
① 반려동물이 있는 가구
Pet Ownership: Global GfK survey, 2016, GfK
② 반려동물의 종류
Pet Ownership: Global GfK survey, 2016, GfK
③ 나라별 반려동물
Pet Ownership: Global GfK survey, 2016, GfK

4. 세계 인구
① 인구 수로 본 세계
《Countries in the world by population》, 2020, Worldometers
② 전 세계 남녀 인구 비율
《Distribution of the world's population by age and sex》, World Population Prospects, 2019, UN 경제 사회처
③ 2100년까지의 인구 전망
《Population of the world: estimates, 1950-2020, and medium-variant projection with 95 percent prediction intervals, 2020-2100》, World Population Prospects, 2019, UN 경제 사회처
④ 대륙별 인구 분포
《Distribution of the world's population by continent》, World Population Prospects, 2019, UN 경제 사회처

5. 세계의 언어
① 세계에서 가장 많이 쓰이는 언어
《The World's Most Spoken Languages. Estimated of first-language speakers worldwide in 2019 (in millions)》, Ethnologue Global Dataset, 22edition data, 2019, Ethnologue
② 세계 언어 지도
《World Language Map》, 2017, Maps of World
③ 제2외국어로 가장 많이 공부하는 언어
《Most studied languages in the world》, The Washington Post, 2013: 뒤셀도르프 대학 Ullrich Ammon의 자료 참고

6. 세계의 직업
① 일반적인 직업들
여러 출처
② 10년 전에는 없었던 다섯 가지 직업
《6 Jobs that didn't exist 10 years ago》, 2016: World Economic Forum
③ 세계 70억 인구는 무슨 일을 할까?
《What do 7 billion people do?》, Funders and Founders, Anna Vital: cia.gov, census.gov, gemconsortium.org

7. 집
① 각 나라 집의 평균 크기
《How big is a house. Average new home size around the globe in m2》, 2014, Shrinkthatfootprint: CommSec, RBA, UN, US Census
② 세계의 전통 가옥
여러 출처

8. 도시의 인구
① 도시와 인구 수
《Table 3: Built-Up Urban Areas by Land Area (Urban footprint): 2018 Urban Areas 500,00 & Over Population》, Demographia World Urban Areas, 14th Annual Edition, 2018, Demographia
② 각 도시의 인구 밀도
《Table 4: Built-Up urban areas by Urban Population Density (Urban footprint): 2018 Urban Areas 500,00 & Over Population》, Demographia World Urban Areas, 14th Annual Edition, 2018, Demographia
③ 1950년 사람이 가장 많이 살았던 도시
《These were the world's biggest cities in 1950》, UN Urban Prospects, 2014 revision, 2014, UN
④ 2030년 사람이 가장 많이 살 도시
《There will be the world's largest cities in 2030》, UN Urban Prospects, 2018 revision, 2018, UN

9. 세계의 아침 식사
각 나라의 가장 일반적인 아침 식사
여러 출처

10. 도시의 교통 체증
① 세계에서 교통 체증이 가장 심한 도시들
《The Cities with the Biggest Traffic Jams. Major world cities where the average commuter spent most hours in congestion in 2019》, Global Traffic Scorecard, 2019, INRIX
② 10명당 자동차 수
《Traffic jam. A Global Look on Transportation》, The Auto Insurance

11. 학교에서
① 나라별 의무 교육 시간
《Compulsory instruction time in general education. Primary and lower education, in public institutions》, Education at a Glance, 2019, OECD
②, ③ 학교에 입학하는 나이의 비율과 분포
《Children ages at primary school entry vary from five to seven worldwide》, World Developement Indicators, 2019, World Bank
《When do children start school in Europe? Age which school is compulsory in Europe》, 2017, Statista: Eurydice, European Commission
④ 학교 교육을 받지 못하는 아이들
《Out of school population among children of primary school age (millions) by sex. 2000-2018》, 2019, Institute for Statistics, UNESCO
⑤ 오늘날 청년들은 무슨 공부를 할까?
《What do Young adults study?》, Education at a Glance, 2017, OECD

12. 교복
① 세계의 다양한 교복
여러 출처
② 초등학교의 학급당 학생 수
《Average class size by type of institution (2017) Average between Public and Private Schools》, Education at a Glance, 2020, OECD

13. 학교 급식
각 나라 학교의 일반적인 급식 식단
여러 출처

14. 숙제
① 숙제가 많은 나라
《The Countries Where Kids Do the Most Homework. Hours of homework per week in selected countries (15 years old students)》, 2017, OECD
② 부모들이 아이들의 숙제를 도와주는 시간
《In loco parentis: How much time do you spend helping your child academically with their education per week》, The Varkey Foundation, 2017
③ 수학 스트레스가 심한 나라
《Levels of "mathematics anxiety"》, Informe PISA, 2017, OECD

15. 인터넷과 소셜 네트워크 서비스
① 부모들이 정해 놓은 인터넷 사용 시간

《2018 DQ Impact Report》, 2018, DQ Institute, eMarketer, NYC
② 일주일 평균 스마트폰 사용 시간
《New Family Dynamics in Connected World》, 2017, Intel Security, eMarketer, NYC
③ 인터넷에 접속하는 장치
《2018 DQ Impact Report》, 2018, DQ Institute, eMarketer, NYC
④ 주로 사용하는 소셜 네트워크 서비스
《2018 DQ Impact Report》, 2018, DQ Institute, eMarketer, NYC
⑤ 소셜 네트워크 서비스의 가입 가능 연령
《Age Restriction for Social Media Platforms》, Digital Parenting Coach

16. 독서
① 세계에서 가장 많이 읽힌 책 10권
《Top 10 Most Read Read Books in The World》, Squidoo.com/mostreadbooks
② 각 나라의 필독 도서 목록
《Required Reading: the books that students read in 28 countries around the world》, 2016, TED
한국 자료: 2009-2019 국립중앙도서관 도서 대출 빅데이터
③ 책을 많이 읽는 나라들
《Which countries read the most? Hours spent Reading per person per week (selected countries)》, Statista, NOP World CultureScore Index

17. 세계의 운동
① 각 나라에서 가장 인기 있는 프로 스포츠
《The Most Popular Spectators Sports Worldwide》, Statista
② 가장 많이 하는 운동
《Los 10 deportes más practicados en el mundo》, Sportzone: IOC의 204개 설문 조사

18. 세계의 놀이
각 나라 아이들의 놀이
여러 출처

19. 여름 방학
① 여름 방학 기간
《School's out For Summer: number of weeks of summer school holidays in Primary School in 2015》, Statista, European Commission
《The Organisation Primary and General Secondary Education 2018/19》, Eurydice
② 해외 여행자 수
《Inbound Tourism 1990-2018》, UNWTO Tourism Highlights, 2019, World Tourism Organization
③ 해외 여행자가 가장 많이 찾는 나라
《World's Top Tourism Destinations, 2018》, UNWTO Tourism Highlights, 2019, World Tourism Organization

20. 인기 도시
① 방문객이 가장 많은 도시
《The World's Most Visited Cities. Cities with most visitors in 2018 (People staying for at least 24 hours)》, Statista, Euromonitor International, World Economic Forum
② 방문객이 가장 많은 박물관
《The most visited museums in the world 2018》, 2018, AECOM, Themed Entertainment Association

21. 여행 필수 표현
① 세계 여러 나라의 인사말
《21 ways to say hello and thank you》, Livinglanguage.com
② 세계 여러 나라의 몸짓 언어
《Around the world in 42 hand gestures》, 2016, Worktheworld, ISGS (Internatonal Society for Gesture Studies), New York Post, Time, CNN

22. 세계의 기후
① 세계 여러 나라의 연간 강수량
《Average precipitation in depth (mm per year)》, 2014, World Bank
② 세계 여러 나라의 연간 일조량
《Sunshine averages for 1961 to 1990 that were provided for 1290 countries and territories》, World Meteorological Organization
③ 가장 극단적인 기후를 가진 도시들
여러 출처

23. 놀이공원
① 가장 인기 있는 놀이공원
《Top 20 Amusement/Theme Parks Worldwide》, 2018, AECOM, Themed Entertainment Association
② 가장 인기 있는 워터파크
《Top 25 Water Parks Worldwide》, 2018, AECOM, Themed Entertainment Association

24. 식재료와 향신료
① 특별한 식재료
《The most distinctive ingredient by cuisine》, Quarz Magazine: 요리법 사이트 Epicurious를 참고하여 조사한 Priceonomics의 자료 바탕
② 흔히 쓰는 식재료
《The most common ingredients》, Quarz Magazine: 요리법 사이트 Epicurious를 참고하여 조사한 Priceonomics의 자료 바탕

25. 생일
① 가장 많은 아이들이 태어나는 달
《Live births by month》, Demographic Statistics Database, UN 통계국
② 작년 생일 이후에 일어난 일들
여러 출처

26. 세계의 크리스마스
① '메리크리스마스'를 다른 나라말로 하면?
여러 출처
② 언제 크리스마스 선물을 풀까?
《When Do Children Open Their Presents?》, Fromyoumyflowers.com, whychristmas.com
③ 크리스마스가 공휴일인 나라
《Countries that recognise Christmas as a Public Holiday》, Timeanddate.com: Maphobbyist, 《Holidays and Observances Around the World》 (Creative Commons)
④ 여러 나라의 크리스마스 케이크
《A Slice of Christmas. Christmas Cakes from around the World》, Taxi2airport.com

27. 세계의 종교
① 세계 종교 지도
《World Religions》, 2015, Pew Research Center Demographic Projections
② 세계인의 종교
《World Religions》, 2015, Pew Research Center Demographic Projection
③ 예배 장소
여러 출처
④ 종교에서 금지하는 음식들
《Food and Religion》, Fish Interfaith Center, Champman University

28. 세계에 100명만 산다면
성별과 나이 《World Bank based on age/sex distributions》, World Population Prospects, 2019, UN 경제 사회처.
지리 《Distribution of the world's population by age and sex》, World Population Prospects, 2019, UN 경제 사회처
종교 《The Changing Global Religious Landscape》, 2015, Pew Reseatch Center Demographic Projections
모국어 《Peopla and Society: World Languages》, 2018, CIA World Factbook
《The World's Most Spoken Languages. Estimated of first-language speakers worldwide in 2019 (in millions)》, Ethnologue Global Dataset, 22edition data, 2019, Ethnologue
문맹률 《Tasa de alfabetitzación total de adultos (% de personas de 15 años o más)》, Institute for Statistics, UNESCO
도시와 시골 《Desarrollo Urbano》, 2018, World Bank

미레이아 트리우스 글

사호리 출판사의 대표입니다. 출판사를 차리기 전에는 화랑을 운영했지요. 어린이 교육에 관심이 많아 그동안 쌓은 예술 지식을 바탕으로 새로운 아이디어가 가득한 논픽션 그림책을 만들고 있습니다.

조아나 카살스 그림

일러스트레이터이자 그래픽 디자이너입니다. 대학에서 미술을 공부한 뒤 출판사와 통신사에서 디자이너로 일했습니다. 정보를 시각적으로 전달하는 인포그래픽 형태의 그림을 주로 그립니다.

김정하 옮김

어렸을 때부터 동화에 나오는 인물과 세계를 좋아했습니다. 대학에서 스페인 문학을 공부하고 스페인 문화권의 좋은 어린이책을 우리말로 옮기는 일을 합니다. 잠깐 틈이 나면 동네를 산책하거나 오르간 연주를 하면서 즐거운 하루하루를 보내고 있습니다. 옮긴 책으로 《아버지의 그림 편지》, 《도서관을 훔친 아이》, 《나무는 숲을 기억해요》, 〈내일을 위한 책〉 시리즈, 〈시끌벅적 어린이 환상 특급〉 시리즈 들이 있습니다.

지식곰곰 05 사회가 쉬워지는 인포그래픽 세계 문화 지리

나와 세계

초판 1쇄 발행 2020년 8월 10일 | 초판 5쇄 발행 2023년 6월 22일
ISBN 979-11-5836-192-1, 978-89-93242-95-9(세트)

펴낸이 임선희 | 펴낸곳 (주)책읽는곰 | 출판등록 제2017-000301호 | 주소 서울시 마포구 성지1길 43 | 전화 02-332-2672~3 | 팩스 02-338-2672 | 홈페이지 www.bearbooks.co.kr | 전자우편 bear@bearbooks.co.kr | SNS Instagram@bearbooks_publishers | 만든이 우지영, 우진영, 김선현, 김나연, 최아라, 홍은채 | 꾸민이 신수경, 김지은, 김세희 | 가꾸는이 정승호, 고성림, 전지훈, 김수진, 백경희, 민유리 | 함께하는 곳 이피에스, 두성피앤엘, 월드페이퍼, 해인문화사, 으뜸래핑, 도서유통 천리마

©2019, Zahorí de Ideas (www.zahorideideas.com)
©Illustrations and design: Joana Casals
©Texts: Mireia Trius
Korean Translation Copyright © 2020 by BEAR BOOKS INC.
Korean edition is published by arrangement with ZAHORI DE IDEAS, S.L.
through Imprima Korea Agency

이 책의 한국어판 저작권은 Imprima Korea Agency를 통해 ZAHORI DE IDEAS, S.L.과의 독점 계약으로 (주)책읽는곰에 있습니다. 저작권법에 의해 한국 내에서 보호를 받는 저작물이므로 무단 전재와 무단 복제를 금합니다.